고통과 고난을 피하고 싶은 것이 인간의 간절한 바람이지만 피할 수 없는 것이 인생의 과정입니다. 예상하지 못한 고난도 힘들지만 연속해서 일어나는 고난은 더 견디기 어려울 것입니다. 저자는 자신의 인생 여정에서 겪은 고난을 과장하지도, 미화하지도 않으면서 그 가운데서 함께하신 하나님을 발견해가는 과정을 소개하고 있습니다. 아픔을 아픔이라고 말하는 용기를 가졌기에 가능한 일입니다. 아픔을 겪으며 이 땅을 살아가는 모든 지치고 낙심한 분들에게 이 책은 소망이 무엇이며 왜 우리가 살아야 하는지, 그리고 어떻게 살아야 하는지를 설득력 있게 말하고 있습니다. 이 책을 읽는 독자들에게 울음과 웃음을 회복하는 기적이 분명히 일어나리라 믿습니다.

김형준 | 서울동안교회 담임목사, 크리스찬치유상담대학원대학교 전임교수

참 신앙의 삶은 단순하거나 낙관적이지 않습니다. 혹독한 고난을 면제받거나 끔찍한 사고와 사건에서 제외되지도 않습니다. 성폭행, 인신매매, 배신, 암, 끔찍한 교통사고, 가정폭력, 굶주림과 가난, 우울증, 자살충동과 자살시도, 죽음의 문턱, 사업의 성공과 실패, 교만과 회개, 방언, 투시, 예언, 천국 체험…. 진 커밍스 집사님은 이 시대의 욥이 아닐까 싶을 정도로 불같은 시련을 겪었습니다. 하지만 참 신앙의 사람은 고통이 주는 독소보다 그것을 다루시는 하나님의 손길을 발견하게 마련입니다. 이 책에서 당신은 삶의 고통을 다루시는 토기장이 하나님의 손길을 통해 진주와 보석처럼 빛나는 한 성도의 믿음, 그리고 '상처 입은 치유자'의 사명을 묵묵히 감당하고 있는 참 믿음의 사람을 발견하게 될 것입니다.

이상복 | 창훈대교회 담임목사

이 책을 읽는 내내 '오뚝이'라는 단어가 머릿속을 맴돌았습니다. 저자는 넘어지고 또 넘어지더라도 다시 우뚝 일어서 어제의 상처와 아픔을 툴툴 털고 오늘을 다시 희망으로 시작하는 '하나님의 오뚝이'였습니다. 영혼 깊은 곳에 하나님의 중심추가 있었기 때문이겠지요. 한두 번의 상처와 실패에도 하나님을 원망하는 것이 우리의 모습인데, 그녀는 수차례의 이해할 수 없는 고난 속에서도 다시 시작하시는 위로의 하나님을 보여주고 있습니다. 이 책은 거친 파도가 끝없이 밀려오는 인생길에서 "왜 나만 이토록 힘들까?" 하고 힘들어하는 이들에게 다시 시작하자는 하나님의 따뜻한 위로를 발견하게 해주는 소중한 보물입니다.

최병성 | 목사, 시민기자, 『복음에 안기다』 저자

하나님은 믿지만
여전히 상처투성이인
신앙인들을 위한
이　　야　　기

티끌

진 커밍스

Holy
WavePlus

사랑하는 나의 친구 여러분, 지금 고통 가운데 싸우며 외롭고 어두운 터널을 지나고 있음을 압니다. 하지만 그 터널을 지나면 주님의 놀라운 축복이 기다리고 있음을 믿으시기 바랍니다. 지금의 고통은 힘들지만 오직 주님을 굳게 붙드시고, 모든 고통을 능히 이겨낼 수 있는 능력 주시는 예수님의 놀라운 사랑을 경험하시는 기회가 되기를 진심으로 바랍니다.

어떤 이들은 말합니다. 예수님을 만나 성공했노라고. 저는 예수님을 만나 세상에서 실패했습니다.

그러나 저는 이제 복음을 전하는 사람으로 남은 인생을 기쁘게 살아가고 있습니다. 하나님께서는 저를 간증 사역자로 세워주시고 여러 교회를 다니며 고통 가운데 계신 분들을 위로하는 예수님을 증거하게 해주셨습니다.

이 땅에서 가장 축복된 삶은 복음을 증거하는 삶입니다. 이 복음은 누구라도 증거할 수 있습니다. 여러분의 생활 속에서 주님의 말씀을 지키며 하나님의 자녀답게 살아가는 것, 그것이 곧 복음을 증거하는 삶입니다. 복음을 전함으로 영혼을 살리는 도구로 쓰임 받는다는 것은 세상이 줄 수 없는 참 기쁨의 삶입니다.

하나님께서는 우리와 항상 함께해주시고, 우리는 영원한 생명을 주실 하나님을 증거하는 삶을 살면서 이 땅에서도 천국을 누리며 살아갈 수 있습니다. 찰나와 같은 인생, 썩어 없어질 것들에 매여 살면 우리는 지옥에 살지만 예수 그리스도의 생명을 누리며 나누는 삶을 살면 이 땅에서 진정한 하나님 나라를 소유할 수 있는 것입니다.

고통 가운데 계십니까? 주 예수 그리스도를 믿고 의지하십시오.

예수님께서는 우리를 영원히 사는 그 나라로 초대해주시고 모든 고통에서 회복시켜주십니다.

저는 이 땅에서는 비록 성공하지 못했지만 하나님 나라에서는 성공으로 이끌어주신 주님을 찬양하며 감사를 드리는 삶을 살고 있습니다.

저의 작은 간증이 지금도 고난의 시간을 걷고 있는 모든 분들에게 위로가 되길 바라며, 우리를 영화롭게 해주실 그날을 위하여 우리에게 일어난 모든 것을 축복으로 바꾸시고 새날을 주시는 하나님께 엎드려 감사드립니다.

모든 영광을 주 하나님께 돌리며

진 커밍스

Contents

신음소리, 고통보다 깊은

왜 나만 이런 고통을 당해야 하나

"죽고 싶어요. 더 이상 살아갈 희망이 없어요."

"하나님이 저 같은 인간도 사랑하실까요?"

"지금 한강다리 위에 서 있습니다. 죽고 싶어서 왔어요. 이런 저를 이해 못 하시겠지요? 열심히 살아보려고 밤잠 안 자며 일만 했습니다. 그런데 친구 놈한테 사기를 당해 전 재산을 몽땅 날려버렸어요. 이렇게 살 바에는 차라리 죽는 게 나아요. 죽어버릴 겁니다."

"제 아내는 미친 사람처럼 저를 들볶았어요. 돈을 많이 못 벌어온다고 저를 무시하는 거죠. 무능력한 저와 살면서 고생하는 아내에게 미안했지만, 그래도 저를 이해해주지 못하는 아내가 원망스러웠습니다. 그래서 욕설을 퍼붓는 아내에게 순간적으로 손찌검을 했어요. 남자로서 할 짓은 아니지만 저도 더는 참을 수가 없더라고요. 그런데 어느 날 퇴근하고 집에 돌아와 보니 가구고 뭐고 살림살이를 하나도 남기지 않고 싹 다 가지고 집을 나가버렸더라고요. 더 이상 이렇게는 못 살겠다며 자기와 아이들이라도 살 수 있게 보내달라는 쪽지 하나 달랑 남겨놓고요. 제가 그 쪽지를 보면서 무슨 생각을 했겠습니까?

솔직히 잡히기만 하면 가만히 안 놔둬야겠다는 생각밖에 안 들더라고요. 제가 아무리 돈이 없어도 그렇지 어떻게 저에게 그럴 수가 있습니까? 저는 여태껏 바람 한 번 안 피웠고, 술 담배도 한 적이 없는 사람이에요. 정말 열심히 살았지만 아내가 원하는 만큼 돈을 못 벌어다 준 죄, 그리고 딱 한 번 손찌검을 한 죄는 인정합니다. 그렇다고 그렇게 집을 나가버리는 게 말이나 됩니까? 내 손에 잡히면 정말 가만히 안 놔둘 겁니다."

"하나님이요? 저 이래 봬도 모태 신앙인이에요. 교회는 어릴 때부터 열심히 다녔어요. 교회에서 하는 일이라면 무엇이든지 늘 앞장서서 했습니다. 헌금도 많이 했고요. 무슨 일이든 하나님을 위해

했습니다. 그런데 하나님이 제게 어떻게 이럴 수가 있습니까? 제가 얼마나 열심히 신앙생활을 했는지는 하나님이 더 잘 아실 거예요. 그런데 암 말기라니요. 너무 억울합니다. 아니, 하나님이 있기나 한 겁니까? 너무 억울하고 분해요. 제게는 더 이상 희망이 없어요. 차라리 죽어버리고 싶은 마음뿐입니다."

"저는 마흔아홉이고, 두 딸을 가진 엄마입니다. 저에게는 아무에게도 말할 수 없는 비밀이 있습니다. 저는 평생 이 비밀을 품고 고통스럽게 살아왔습니다. 그런데 오늘 밤 당신께 제 비밀을 털어놓고 싶은 마음이 들어서 이렇게 메시지를 보냅니다. 어릴 적부터 저는 친아버지로부터 모진 학대를 받으며 자랐습니다. 아버지는 알코올중독자로 가난한 형편에도 일은 하지 않으면서 늘 술을 드셨어요. 대신에 엄마는 매일 채소장사를 나가야 했고요. 엄마가 집에 없을 때마다 아버지는 저를 때리셨어요. 매일매일 지옥 같았습니다. 엄마가 집에 들어오셔서 멍투성이가 된 제 몸을 보시면 그날은 영락없이 아버지와 싸움을 하셨죠. 그러면 아버지는 엄마도 폭행하셨어요. 어떤 날은 식칼을 들고 나와서 죽이겠다고 위협을 하는데, 너무나 무서웠습니다. 초등학교 때부터 저는 줄곧 그렇게 살아왔습니다. 지금은 아버지도 연세가 많아서 제게도 엄마에게도 폭력을 휘두를 수는 없지만 저는 지금까지도 아버지와 대화를 하지 않습니다. 게다가 그때의 충격으로 아직까지 우울증에 시달리고 있어요. 아버지를 용서하지 못하는 마음이 너무 부끄러워, 하나님 앞에서 그 마음을 내려놓고 용서하는 기도를 하려고 해도 마음대로 되지 않습니다. 저는 아버지를 증오해요. 하지만 신앙인으로서 이런 마음을 갖고 사는 게 너무나 괴롭습니다. 저 같은 사람도 구원받을 수 있을까요?"

"저는 남편의 외도로 최근에 이혼을 했습니다. 얼마 지나지 않아 제가 다니는 교회의 성도들이 제 이혼 사실을 알게 되었어요. 그이후로 교회에 나갈 때마다 저를 힐끔힐끔 쳐다보면서 자기네들끼리 쑥덕거리는 거예요. 급기야는 있지도 않은 말을 만들어 저를 모함했고, 이상한 소문들이 제 귀에까지 들어왔어요. 괴로운 마음에 결국 교회에서 나왔죠. 하지만 그러고 나자 저만 세상에서 버려진 것 같은 기분입니다. 정말 죽고 싶습니다."

"제가 정말 존경하고 따르던 목사님이 계십니다. 그런데 이번에 그분께 아주 실망했어요. 제 사업이 잘될 때는 그분이 저에게 정말 잘해주셨어요. 그런데 사업이 망하고 나니 저를 점점 멀리하시더라고요. 성가대에서 10년을 섬겼는데 어느 날 지휘자가 저보고 성가대에서 나가라는 거예요. 정말 너무 억울하고 화가 납니다. 제가 별 볼 일 없어지니 교회에서 저를 외면하는 거죠. 이게 말이 됩니까? 저는 요즘 매일 밤 눈물범벅이 되어 기도를 합니다. 사실은 기도도 아니에요. 억울해서 하나님께 따지는 거죠. 교회가 어떻게 이럴 수 있죠?"

"제 남편은 목사입니다. 그런데 함께 동역하던 목사에게 사기를 당하고 난 후 교회를 완전히 떠나 오히려 교회를 대적하는 사람이 되어버렸어요. 남편의 입에서는 늘 거친 욕만 나옵니다. 교회에 대한 욕, 목사에 대한 욕. 그런 남편의 분노를 이해하면서도 한편으로는 어떻게 하나님을 믿으면서 저럴 수 있는지 실망스럽기만 합니다. 이럴 때는 어떻게 해야 할까요? 정상적인 결혼 생활이 어려울 정도입니다. 덕분에 거의 매일 부부싸움을 하게 돼요. 정말 괴롭습니다. 왜 저희에게 이런 시련이 생기는 걸까요?"

"저는 선교사였습니다. 하지만 선교사들끼리 사기를 치고, 갖은 악행을 저지르는 꼴을 보면서 너무 역겨워서 사역을 때려치워버렸습니다. 저도 한때는 선교지에 나가 주님을 위해 순교하겠노라고 서원했던 사람입니다. 그런데 지금은 정말 하나님이 계시긴 하는 지 의심스럽기까지 합니다. 이러는 저는 마음이 편하겠습니까? 정말 죽고 싶을 따름입니다."

"하나님은 저를 사랑하실까요? 저를 버리신 것은 아닐까요? 하나님은 정말 계실까요?"

SNS를 통해 글을 쓰면서 전 세계에 흩어져 있는 수많은 사람으로부터 메시지를 받기 시작했다. 그들의 메시지는 평범하지 않았다. 그들은 말할 수 없는 고통 중에 있었다. 가슴을 찢는 듯한 절규로 가득한 그들의 메시지를 읽으면 어둡고 깊은 산속에서 길을 잃고 헤매다 지쳐 쓰러져 있는 것처럼 가련해 보였다.

그들은 고통 속에서 힘겹게 신음하고 있었다.

나에게는 두 가지 마음이 있었다. 그들을 돕고 싶은 마음과 이 상황을 피하고 싶은 마음. 그때 또 다른 음성이 들려왔다.

"너무 아프다."

저만 그런 게 아니었군요

2006년 여름, 버지니아에서였다.

"집사님, 저희 교회에 오셔서 간증을 좀 해주세요."

"제가요? 아닙니다. 저는 정말 자신이 없어요. 이제 겨우 회심하고 주님 앞에 돌아온 사람이 신앙의 대 선배님들 앞에서 감히 무슨 할 말이 있겠어요. 저는 그럴 자격이 없는 사람이니 절대 그런 말씀 마셔요."

"아니에요. 그러시기 때문에 더욱 간증을 해주십사 부탁드리는 겁니다. 저희 교회에 집사님처럼 미국인과 결혼한 사람들이 많아요. 상처받은 사람들도 많고요. 그분들에게 집사님의 간증이 꼭 필요합니다."

그렇게 시작된 간증 사역이었다.

1994년부터 10년 넘게 버지니아에서 기자 생활을 했고, 또 다양한 사업체를 함께 운영하다 보니 주변에 아는 사람들이 많았다. 게다가 서른 살이라는 나이에 작은 규모지만 한 신문사의 발행인이 되었으니, 좁은 한인 사회에서 얼굴이 알려지는 것은 너무나 당연한 일이었다. 말 많은 한인 사회에서는 작은 소문도 눈덩이처럼 불어나기 십상이어서 늘 말을 조심해온 터라 많은 사람 앞에서 개인적인 이야기를 꺼내는 것이 내게는 크나큰 두려움이었다. 간증을 하게 되면 그동안 숨겨왔던 나의 모든 비밀을 사람들 앞에서 폭로해야 한다고 생각했기 때문에 선뜻 그러겠다고 응할 수가 없었다. 나는 여자이고, 아들이 둘 있고, 남편과 가족들이 있다. 내 개인적인 과거가 가족들에게 충격을 줄 수 있다는 우려 때문에도 간증은 어려운 일이었다.

내가 미국에 온 가장 큰 이유는 아무도 나를 모르는 곳에서 살고 싶었기 때문이다. 내 과거에 대해 아는 사람이 전혀 없는 외국으로 도망가서 새롭게 시작하고 싶었다. 그리고 실제로 멋지게 살아보려는 마음으로 정말 열심히 살았다. 이제 와서 굳이 내 입으로 치부를 드러내고 싶지 않았다. 나만 입 다물고 있으면 이곳에서 아무렇지 않은 척하며 잘 살아갈 수 있을 것 같았다.

세상의 부귀영화를 좇다가 다시 주님 앞에 돌아와 회개하고 복음을 전한 지 1년이 채 되지 않았을 때였다. 그때에도 주님께서는 상처받은 영혼들을 많이 만나게 해주셨다. 언론사 일을 하다 보니 나를 만나기만 하면 누구나 할 것 없이 자신들의 고통을 털어놓곤 했다. 그럴 때마다 나 또한 겪어본 일들이기에, 그들의 마음을 충분히 이해하고 공감하면서도 차마 내 입으로 "저도 그랬어요"라고 말할 수는 없었다. 내 마음에는 사람들에게 부끄러움을 당하면 어쩌나 하는 두려움이 늘 있었다. 겉으로는 당당한 척했지만 속으로는 늘 겁이 났다. 사람들이 내 과거를 알게 되면 어떻게 생각할까, 사업에 지장이 생기지 않을까, 경쟁사들이 내 과거를 빌미로 야유를 보내거나 불이익을 당하게 하지 않을까 하는 두려움 때문이었다. 모임에서 열정적으로 은혜를 나누고 집으로 돌아오는 길, 나는 늘 다른 사람의 옷을 빌려 입은 것 같은 위선적인 내 모습을 경멸했다.

사람들에게 복음을 전하면서 마치 나는 모든 고난을 뛰어넘은 능력자 행세를 했지만, 실은 전혀 그렇지 못했다. 과거의 기억들 때문에 나는 항상 우울하고 불안했다. 나의 내면 아주 깊은 곳에 있는 자격지심은 오랫동안 질기게 나를 따라다니며 괴롭혔다. 그리고 그 짐은 너무나 무거웠다.

물론 간증을 하면 나의 치부를 드러내야 한다는 것은 순전히 나만의 생각이었다. 그 교회에서는 나에게 과거에 대해 이야기해달라고 요구한 적이 없다. 그들은 그저 신앙인으로서의 나의 성공기가 듣고 싶었을 것이다. 하지만 내가 겪었던 끔찍한 일들을 거론하지 않고서는 하나님이 내 인생을 통해 역사하신 은혜를 나눌 수 없었다. 사실 처음 간증 요청을 받았을 때 나는 내 속마음을 누군가에게 들켜버린 것 같았다.

"하나님, 왜 그러세요? 제가 이 간증을 꼭 해야 하나요? 저는 도저히 못 하겠어요. 제발 그것만은 피하게 해주세요. 주님!"

그러면서 왜 한편으로는 간증을 하고 싶은 마음이 들었을까? 애초에 하고 싶지 않았다면 괴롭지도 않았을 것이다. 얼마든지 거절할 수 있는 상황이었다. 그냥 안 하겠다고 하면 될 텐데, 알 수 없는 두 마음이 나를 혼란스럽게 했다.

일주일 내내 울면서 하나님께 매달렸다. 가만히 앉아 있다가도 간증을 하는 모습을 생각만 하면 다리가 후들거리고 심장이 떨렸다. 미국의 많은 정치인들 앞에서 연설하면서도 전혀 떨지 않았는데, 이렇게 작은 시골 교회 성도들 앞에서의 간증은 생각만으로도 두렵고 떨렸다.

답변을 해주기로 한 날이 임박했다. 기도를 시작한 지 7일 째, 내 마음 가운데 요동치는 소리가 있었다.

'너만 그런 고통을 받은 게 아니야! 그곳에 누군가가 너와 같은 고통으로 외로워하고 있어! 그 사람에게 당신은 혼자가 아니라고 이야기해줘야 해!'

그날 밤 기도하는데 눈물이 그치질 않았다. 나 같은 죄인을 위해 기꺼이 십자가를 지신 예수님의 얼굴이 떠올랐다. 더 이상 나에게는 선택의 여지가 없었다.

"그래, 설사 내가 세상에서 조롱거리가 되더라도 하나님을 간절히 부르고 있는 외로운 한 영혼을 위해 간증을 해야 해."

순종하기로 마음먹자, 그 자리에 주님께서 나와 함께하실 거라는 담대함이 생겼다.

무슨 일이 있어도 결코 밝히고 싶지 않았던 나의 치부는 내 삶 속에 역사하신 예수 그리스도의 은혜로 당당히 간증되었다. 300명의 성도들은 함께 뜨거운 눈물을 흘려주었다.

그 시간이 끝나고 나서야 그 시간이 내게 반드시 필요했음을 알게 되었다. 그제야 나는 과거의 짐을 내려놓고 비로소 자유함을 누릴 수 있었다. 아픈 상처에 고름을 짜내고 소독약을 바른 듯한 느낌이었다. 주님은 그렇게 내가 스스로 움켜쥐고 있었던 죄책감의 사슬을 풀어주시고 한없는 평강으로 나를 위로해주시며 치유해주셨다.

예배당을 나서는 길, 성도님들은 줄을 서서 눈물을 흘리면서 나를 한 번씩 안아주었다. 어떤 분들은 나를 꼬옥 끌어안고 흐느끼면서 귓속말을 했다.

"집사님, 저도 그랬어요. 저도 지금껏 혼자만의 비밀로 간직하고 살면서 괴로웠어요. 왜 나만 이런 고통을 겪어야 하냐며 늘 억울해하고 외로워했었는데, 저만 그런 게 아니었군요. 주님께 정말 감사합니다.”

"저만 그런 게 아니었군요.”

아픈 상처를 비밀로 간직한 채 평생을 살아온 사람들이 너무 많았다.

그분들의 따뜻한 포옹은 주님이 내게 베풀어주시는 위로의 손길이었다. 그날 밤은, 나는 물론이고 많은 사람을 치유하시는 하나님의 손길을 경험하는 시간이었다.

C. S. 루이스의 말처럼 나에게는 아직도 선택의 여지가 남아 있다. 그는 『고통의 문제』에서 "왜 사랑이 많으시고 전능하신 하나님이 모든 사람들로 하여금 고통과 고난을 겪도록 허용하실까?"라는 신정론적 문제를 다루면서 하나님의 사랑하심·전능하심과 고통의 공존 가능성을 치밀하게 변증한다. 그는 '고통은 귀먹은 세상을 불러 깨우는 하나님의 메가폰'이라는 유명한 말을 남겼다. 고통의 존재는 하나님의 전능과 전지하심에 대한 반증도 아니고, 하나님의 사랑에 대한 반박도 아니다. 도리어 고통은 인간의 자유의지와 선택을 존중하시는 인간에 대한 하나님의 거룩한 사랑을 반박할 수 없을 정도로 확실하게 증거한다.

나는 지금도 매일 나 자신과 싸운다. 고통받는 이들을 도울 것인가, 아니면 나에게 닥칠 여러 가지 불이익을 피해 편하게 살 것인가.

나는 또한 내가 해야 할 일을 잘 알고 있다. 두려움을 극복하고 그들을 돕는 것이 옳은 길이라는 음성에 끝까지 순종해야 한다는 것을.

할머니의 배교

아직 젊은 나이지만 나에게 48년의 세월은 다른 사람의 백 년과도 같은 버거운 삶이었다. 지난 40년 동안 나는 어떻게 하면 고통받지 않고 죽을 수 있을까를 고민하며 살았다. 물론 자살도 여러 차례 시도했었다. 그래서 나는 자살하고 싶은 사람들의 심정을 잘 안다.

다만 내가 지금까지 이렇게 온전히 살 수 있었던 이유는 내 인생을 비추는 아주 가느다란 빛을 바라보았기 때문이다. 어둠을 바라보면 등 뒤에서 비취는 빛을 볼 수 없다. 하지만 나는 극한 상황에 처할 때마다 희미하지만 나를 향해 계속해서 빛을 내는 작은 빛을 발견할 수 있었다. 그 은혜의 빛은 나처럼 타락한 인간에게도 공평하게 비춰주었다. 그것이 하나님의 은혜였다는 사실은 많은 시간이 지나고 나서야 알 수 있었다.

나의 아버지는 황해도 옹진에서 태어나 6.25 전쟁 후 할머니를 따라 남한으로 피난을 내려왔다. 하지만 할머니는 아버지를 계룡산 골짜기에 버리고, 큰 형과 동생만 데리고 사라져버렸다. 홀로 남겨진 아버지는 산속에서 한 달이 넘게 나무껍질과 열매를 따 먹으면서 목숨을 연명했다. 그야말로 짐승처럼 산 것이다. 그러다 우연히 등산객에게 발견되어 인천의 삼촌네 집에 들어가 살게 되었다. 갖은 구박을 받으며 자란 아버지는 중학생이 되자, 집을 나와 자신을 버리고 간 엄마를 찾아 헤맨다.

수소문 끝에 엄마가 부산의 어느 고아원에 있다는 정보를 얻을 수 있었다. 인천에서 부산까지의 길은 험난했다. 하지만 엄마를 만날 수 있다는 희망이 있었기에 발이 찢어져 피가 나고 물집이 잡혀도 참을 수 있었다. 걷다가 쉬다가 지나가는 트럭을 잡아 뒷자리에 얹혀 타기도 하면서 그렇게 부산까지 내려갔다.

고아원 앞에 도착한 아버지는 너무나 그리웠던 엄마를 만날 생각에 가슴이 벅차고 서러워 아직 엄마의 얼굴을 보기도 전에 그 자리에 서서 펑펑 울어버린다. '엄마를 만나면 달려가서 안길 거야. 엄마도 나를 보면 두 팔을 벌려 와락 안아주시겠지' 하는 마음에 서둘러 문을 열고 고아원 안으로 들어섰다. 마당에는 당시 아버지 또래의 아이들이 많았다. 그중 한 친구에게 엄마의 이름을 말하자,

알았다며 잠깐 기다리라고 했다. 아버지는 드디어 엄마를 찾았다는 생각에 너무 기뻐서 또다시 눈물을 쏟았다.

그런데 이게 웬일인가! 엄마가 마당에 나오자 아버지는 그 자리에 선 그대로 얼어버렸다. 꿈에 그리던 엄마를 만났는데, 와락 달려가 안기기는커녕 망치로 한 대 얻어맞은 것처럼 멍하게 서서 바라볼 수밖에 없었다. 언제 울었냐는 듯 눈물도 멈췄다. 엄마의 태도 때문이었다.

그곳에는 빡빡 깎은 머리에 회색 승려복을 입은 사람이 서 있을 뿐이었다. 그토록 그리워했던 엄마다. 스님이 된 것도 이미 알고 있었던 사실이다. 하지만 오랫동안 헤어져 있던 아들을 보러 나온 엄마는 아들을 반겨주거나 안아주지 않았다. 엄마라는 사람은 목탁을 두드리며 "나무아미타불 관세음보살" 하고 고개를 숙였다.

자신을 찾아온 아들을 보고도 표정 하나 변하지 않으시더란다. 형과 동생은 엄마와 함께 그곳에 있었는데 동생도 이미 스님이 되었고, 형은 얼마나 잘 먹고 살았는지 살이 포동포동했다. 아버지는 그제야 자신만 버려졌다는 사실을 깨달았다. 그동안 엄마를 그리워하며 애탔던 수많은 시간이 떠올라 허탈할 뿐이었다.

그날 밤 아버지는 고아원 아이들과 함께 천막에서 밤을 지새우며 한없이 눈물을 흘렸다. 그리고 다음날 곧장 그곳을 나와 당시 남한으로 피난 와서 뱃일을 하시던 할아버지를 찾아갔다. 불행히도 계모의 구박을 피할 수는 없었다.

아버지는 회심을 한 70세가 되시던 해에 내게는 처음으로 스님이었던 할머니에 대해 이야기해주었다.

"진아, 내가 하나님을 믿게 된 것이 참 놀라운 마음이 든다. 사실 네 친할머니는 그리스도인이셨단다."

"어머나 정말요. 아버지? 그런 말씀을 왜 이제 하세요?"

너무 놀라웠다. 비구니로만 알고 있던 할머니가 그리스도인이었다니. 할머니 말고도 아버지의 사촌 형도 하나님을 믿었는데, 미국 어딘가에서 목회를 하셨단다. 아버지는 어렴풋한 기억으로 말씀을 이어나갔다.

"너희 할머니는 늘 한복을 곱게 차려입으시고 대청마루에 앉아서 큰소리로 성경을 낭독하곤 하셨지. 그러던 어느 날, 할아버지가 평양에 출장을 가셨다가 기생과 바람이 나서 집에 돌아오지 않자 할머니는 큰 충격으로 마당에서 성경책을 모두 불살라 버리셨단다."

단 한 번도 이런 말씀을 해주신 적이 없었기에 나는 아버지의 지난 삶에 적잖은 충격을 받았다.

그 후 할머니는 집을 관리하던 집사에게 모든 재산을 주고, 머리를 깎고 절에 들어가셨다고 한다. 그때 할머니를 따라 스님이 된 아버지의 남동생은 아직까지도 사찰에서 주지스님으로 있다.

외갓집도 그리스도인은 한 사람도 없고 대대로 제사를 열심히 드리는 불교 집안이다. 그러니까 나는 친가와 외가를 통틀어 우리 집안에서 유일하게 교회를 다니는 사람이었다. 그리고 지금은 우리 집안에서 처음으로 교회를 나간 사람이 되었다.

사실 여태껏 살면서 내가 겪은 수많은 고통의 문제들이 하나님께 저주를 받아서, 혹은 할머니 대에서 시작된 가계의 저주 때문이 아닐까 하고 생각한 적이 많았다. 성경을 제대로 깨달은 후에야 가계에 흐르는 저주론이 얼마나 비성경적인지 알 수 있었다. 가계 저주론은 예수 그리스도의 십자가 대속을 불완전하게 본다는 치명적인 문제점을 가지고 있다. 예수님은 십자가에서 "다 이루었다"라고 하시며, 온전한 성취가 이루어졌음을 선포하셨다. 그리스도의 십자가 구속을 온전히 얻은 믿음 안에 저주는 없다. 그리스도인들은 보혈의 능력, 십자가의 승리, 그리고 하나님이 우리에게 주신 자유의지를 믿고 누려야 한다. 조상의 죄와 가계의 저주가 끝나지 않는다는 주장이 교회 안에 당연하듯 전해져 내려왔다는 사실이 놀라울 뿐이다. 다만 우리 가족 중에 나보다 먼저 하나님을 믿은 사람이 있었다는 사실을 생각하면, 하나님께서 우리 가정을 택

하시고 자손들까지 그분의 백성 삼아주셨다는 사실에 그저 놀랍고
감사할 따름이다.

그때에 그들이 말하기를 다시는 아버지가 신 포도를 먹었으므로 아들
들의 이가 시다 하지 아니하겠고 신 포도를 먹는 자마다 그의 이가 신
것 같이 누구나 자기의 죄악으로 말미암아 죽으리라(렘 31:29-30).

너희가 이스라엘 땅에 관한 속담에 이르기를 아버지가 신 포도를 먹었
으므로 그의 아들의 이가 시다고 함은 어찌 됨이냐 주 여호와의 말씀
이니라 내가 나의 삶을 두고 맹세하노니 너희가 이스라엘 가운데에서
다시는 이 속담을 쓰지 못하게 되리라 모든 영혼이 다 내게 속한지라
아버지의 영혼이 내게 속함 같이 그의 아들의 영혼도 내게 속하였나니
범죄하는 그 영혼은 죽으리라(겔 18:2-4).

아버지는 불우했던 어린 시절 이야기를 들려주시다 갑자기 이런
말씀을 하셨다.
"진아! 오늘 아빠는 문득 이런 생각이 들었단다. 할머니가 그렇
게 죄를 짓고 살다 가셨지만 하나님께서는 그 전에 할머니가 매일
드렸던 기도만큼은 잊지 않으시고 들어주셨다는 마음 말이다. 그

리고 이제 아빠는 죽은 형의 영혼도 불쌍한 마음이 드는 구나.

당시 할머니가 하나님께 무엇을 기도했는지는 모르지만 네가 어린 나이에 혼자서 교회에 찾아간 것은 우연이 아닌 듯싶다. 그런 네가 30년이 넘게 나와 네 엄마를 위해 기도하고, 하나님께서는 그 기도를 들으시고 너를 통해 우리를 미국에 보내주셨고 나이가 이렇게 들었지만 결국 하나님을 믿게 되었으니 이 모두가 얼마나 감사한 일이냐. 하나님은 정말 그 어떤 사람의 기도도 잊지 않고 들으신다는 생각이 들어서 아빠는 오늘 하나님께 진심으로 감사하는 기도를 드렸단다. 이제 너와 내가 할머니가 하나님께 진 빚을 조금이라도 갚으며 살아야 되지 않겠니. 하나님 열심히 믿고 전도 열심히 해라. 진아…."

아버지와 나는 한참을 주님의 은혜에 감사하며 눈물을 흘렸다. 평생을 외로움으로 눈물 흘린 아버지다. 그런 아버지가 그날은 생애 처음으로 하나님의 은혜에 감사하는 눈물을 흘렸다.

고통, 필요하지만
아무도 원하지 않는 선물

일곱 살 때 깨달은 '악'

일곱 살 때였다.

아버지가 이태원에 있는 병원에서 근무하셨을 때인데, 우리 가족은 하얏트 호텔로 넘어가는 산기슭에 있는 작은 한옥에 살았다. 그 동네에 어린아이들이 자주 놀러 가던 '불근당'이라는 언덕이 있었는데, 그곳에서 나는 자주 동네 아이들과 소꿉놀이나 술래잡기를 하면서 놀곤 했다.

그날도 불근당에서 아이들과 놀다가 저녁때가 다 되어서야 집으로 돌아가는데, 골목길에서 담배를 피우는 아저씨들과 맞닥뜨리게 되었다.

지금 생각해보면 아저씨라기보다는 20대쯤의 청년들이었던 것 같다. 무서워하는 마음을 들키지 않으려고 괜히 노래를 흥얼거리며 지나가려는데 그중 한 명이 나를 부른다.

"꼬마야, 거기 서봐! 너 참 예쁘게 생겼구나? 너 튀기니?(그때만 해도 혼혈아들을 '튀기'라고 놀렸다)"

그도 그럴 것이 내 머리카락은 보통 사람들보다 훨씬 더 밝은 갈색이다. 어릴 때는 지금보다 더 노래서 다들 '노랑 대가리'라며 나를 놀려댔다.

"아뇨…."

나는 얼른 집에 가고 싶었다.

그런데 아저씨 하나가 내 손을 잡아끌었다.

"이리 와봐! 얼마나 예쁜지 좀 보자."

그리고는 남자 셋이서 내 옷을 벗기고 내 몸 여기저기를 만지기 시작했다. 나는 너무 무서워서 큰소리로 엉엉 울어버렸다. 내 울음소리를 듣고 사람들이 달려올까 봐 두려웠는지 그들은 나를 그대로 보내줬다.

울면서 돌아오는 나를 보고 엄마가 놀라서 무슨 일이냐고 물어보는데 차마 사실대로 말할 수 없었다. 나쁜 아저씨들이 내 몸을 만져서 그랬다고 말했다가는 엄마에게 아주 많이 혼날 것 같았기 때문이다. 그냥 친구들과 싸워서 그렇다고 둘러댔다.

그날 이후로 나는 심한 우울증을 앓게 된다. 그러면서도 그런 모습을 엄마에게 들키지 않으려고 무던히도 애를 썼다. 부모님과 함께 있을 때는 아무렇지 않은 척하다가 두 분이 일을 나가면 혼자서 종일 그때 일을 생각하면서 울었다.

당시 나는 교육열 높은 엄마 덕에 초등학교 1학년 때부터 혼자서 버스를 타고 등교해야 했다. 이태원에서 덕수궁 옆에 있는 학교까지 매일 그 먼 거리를 혼자서 다니다 보니 나중에는 버스 노선을 모두 외울 정도였다. 우울증은 때에 따라 좋아지기도 했고 어떤 날은 아주 심해지기도 했다. 우울증이 극심했던 어느 날 학교를 마치고 세종문화회관 앞에서 버스를 타야 하는데 집에 너무 가기 싫은 것이다. 아마 그때부터 방황이 시작된 것 같다.

버스 정류장 옆 가판대에 있는 사탕과 과자가 눈에 들어왔다. 그동안 마음대로 사서 먹을 수 없었던 캐러멜 하나를 집어들었다. 버스비로 계산을 했기 때문에 집까지는 걸어가야 했다. 세종문화회관에서부터 우리 집이 있는 이태원까지는 꽤 먼 거리였는데, 새벽이 다 되어서야 집에 도착할 수 있었다. 내가 납치된 줄 알고 엄마 아빠가 이곳저곳에 신고를 하는 바람에 집 앞은 경찰관들과 미아보호소 직원들, 그리고 동네 사람들로 북새통을 이루었다.

"어머나! 저기 와요. 저기."

나를 보고 깜짝 놀란 사람들과 부모님은 쏜살같이 내 곁으로 달려왔다.

"진아! 어떻게 된 거야?"

"종일 어디 있었니?"

사람들은 놀란 얼굴과 안도의 한숨을 내뿜으며 이것저것 묻기 시작했다. 어른들의 질문 공세에 얼떨떨해진 나는 사실 집에 오기 싫어서 그랬다고 하면 어쩐지 어른들의 화를 돋울 거라는 생각이 들었다. 그래서 얼른 사탕이 먹고 싶어서 버스비로 사탕을 사 먹고 걸어왔다고 둘러댔다.

그날 밤 아빠는 내가 가장 아끼는 인형의 다리로 내 발바닥을 때리며 꾸짖으셨다.

"진이 너 또 그럴 거야?"

부드러운 고무로 된 인형으로 발바닥을 맞는데 무엇이 그리 아팠을까. 눈물콧물로 범벅이 된 얼굴로 다신 안 그러겠다며 빌었다. 내가 무엇을 잘못했다는 사실보다 아빠에게 매를 맞는다는 사실에 더 마음이 아팠던 것 같다.

어쩌면 그 아픔은 엄마, 아빠는 모르는 나만의 슬픔에서 비롯된 것인지도 모르겠다. 그 사건 이후 내 마음속에는 나에게 일어난 일을 몰라주는 엄마, 아빠에 대한 야속함이 숨어 있었다. 외로움! 어렸지만 나는 외로움으로 방황하고 있었다. 그래서 일찍 집에 들어가기 싫은 날에는 종종 그렇게 걸어서 최대한 늦게 집에 가곤 했다.

엄마는 그런 내가 이상해 보였는지 하루는 나를 무섭게 다그쳤다.

"말해. 너 무슨 일 있었지? 무슨 일이야! 말 안 하면 엄마가 너 때려줄 거야. 말해 어서."

나는 펑펑 울면서 그날의 일을 모두 이야기했다. 엄마는 광분했다. 정신이 나간 사람처럼 소리를 지르고 울었다.

"그놈들을 잡아서 죽일 거야."

어떻게 된 일인지는 모르겠지만, 엄마는 나를 성추행한 남자들이 동네 쌀집 청년과 그의 친구들이었다는 사실을 알아냈다. 그리고는 내 손을 잡고 쌀집으로 이끌었다. 그 아저씨들을 다시 마주하는 건 너무 무서운 일이었다. 하지만 가지 않겠다고 아무리 울어도 소용없었다. 엄마는 막무가내로 내 손을 끌고 그곳으로 향했다.

쌀집은 순식간에 아수라장이 되었다. 엄마는 그곳에 도착하자마자 가게에 있는 물건들을 꺼내어 부수고 던졌다. 엄마의 울음소리는 마치 새끼를 잃은 짐승의 울음소리 같았다. 나는 그날 엄마의 통곡을 아직도 잊을 수가 없다.

엄마는 그 아저씨의 멱살을 잡고 흔들며 죽이겠다고 덤볐다. 그래도 분이 안 풀렸는지 쌀집 주인에게까지 고함을 쳤다.

"내 딸 어떻게 할 거야! 책임져! 내 딸 책임지라고!"

나는 쌀집 앞에 서서 이 모든 광경을 지켜봤다. 그 아저씨는 엄마에게 멱살을 잡히고 구타를 당하면서도 섬뜩한 눈초리로 나를 노려보았다. 그 분노의 눈빛이 지금도 생생하다. 나는 사람이라는 존재 자체가 너무 무서워졌다.

엄마의 울부짖음, 그 아저씨의 무서운 눈초리는 그날 이후 줄곧 나를 쫓아다녔다.

나는 내가 더러운 존재라고 느꼈다. 그때 나는 벌써 죽음이 무엇인지, 사람이 죽으면 어디로 가는지에 대한 고민을 하고 있었다. 일곱 살짜리 아이가 죽음을 생각한다는 것처럼 가혹한 일이 또 어디 있을까.

얼마 지나지 않아 우리 집은 한남동으로 이사를 했다. 아마 엄마는 내게 새로운 환경을 만들어주고 싶으셨던 것 같다. 이사한 집은 여러 가구가 함께 사는 한옥이었다. 우리 옆방에는 아주머니 한 분이 혼자 사셨는데, 이분은 매일 쉬지 않고 벽을 바라보고 앉아서 주문을 외웠다.

"남묘호렌게쿄, 남묘호렌게쿄!"

주문을 외는 소리가 들릴 때마다 밖에서 몰래 아주머니를 훔쳐보았다. 주문을 외우다 나와 눈이 마주치면 아주머니는 하던 것을 멈추고 호통을 치셨다.

"애들은 저리 가!"

'저 아줌마는 매일 무엇을 비는 걸까? 대체 누구에게 비는 걸까?'

일을 하러 나간 부모님이 돌아올 때까지 나의 하루 일과는 옆방 아주머니를 훔쳐보는 일과 창밖을 바라보는 게 다였다. 창문을 열면 미군 부대가 한눈에 펼쳐졌다.

"엄마, 나 어른 되면 미국 갈 거야."

엄마는 웃으셨지만 나에게는 그럴 만한 이유가 있었다.

나는 이곳이 너무 싫었다. 한국 아저씨들은 무섭기만 했다. 얼른 어른이 되어서 길거리에서 사탕을 나눠주는 착한 미국 아저씨들이 사는 미국에 가고 싶었다. 엄마는 이런 나의 마음을 몰랐다.

땅이 또한 그 주민 아래서 더럽게 되었으니 이는 그들이 율법을 범하며 율례를 어기며 영원한 언약을 깨뜨렸음이라(사 24:5).

너, 우리 교회 안 갈래?

내가 초등학교 3학년이 되자 우리 집은 다시 잠실로 이사했다. 아버지가 돈을 많이 벌었던 때였던 것 같다. 하지만 내 머릿속에는 여전히 내가 죽으면 어디로 갈 것인지에 대한 의문이 가득 차 있었다. 인간은 누가 만들었을까. 나는 왜 이런 괴로움을 당해야 하는가와 같은 의문들이 머릿속을 떠나지 않았다. 하루는 의문을 해소하고 싶은 강한 열망에 사로잡혀 근처에 있는 유명한 절을 찾아갔다.

"무슨 일로 이곳을 찾아왔느냐?"

"제가 죽으면 어디로 가는지 알고 싶어서 왔습니다. 그리고 누가 인간을 만들었는지도 알고 싶습니다."

"너 혼자 왔느냐?"

"네."

"이리로 올라 오너라."

스님은 나를 법당 안으로 데리고 들어가셨다. 법당 안에는 커다란 황금 부처상이 있었고, 주변에는 무시무시하게 생긴 도깨비 그림들이 많았다. 두려운 마음을 간신히 억누르고 스님이 시키는 대로 방석 위에 무릎을 꿇고 앉았다.

"네가 정말 진리를 알고 싶다면 마음을 비우고 백팔 번 절을 해보아라."

스님의 말씀대로 절을 시작했다. 내가 절을 하는 동안 스님은 옆에서 목탁을 두드리며 염불을 했다. 절을 할 때마다 마음속으로 물었다.

'제가 죽으면 어디로 가나요. 부처님?'

'부처님은 저를 만드신 신인가요?'

다리가 무척 아프고 졸음이 쏟아졌지만 나는 기어코 백팔 번의 절을 채웠다. 스님이 물었다.

"그래서 무엇을 깨달았느냐?"

"아무것도 모르겠습니다."

"그러냐, 그럼 다음에 또 와서 해보아라."

그 이후로 한동안 학교 수업을 마치면 곧장 절에 달려와 백팔배를 했다. 정성이 부족했는지 부처님은 대답이 없었다. 절을 다 하고 집에 가려고 절 마당을 지나는데, 그날따라 양쪽에 세워놓은 도깨비 인형들이 너무 무서웠다. 창과 칼을 들고 서 있는 인형들이 금방이라도 나를 찌를 것처럼 위협해왔다. 두려운 마음에 얼른 절에서 뛰쳐나왔다.

'저런 인형이 사람을 만들었다니 말도 안 돼. 부처님도 인형이잖아. 인형은 사람이 만들잖아.'

나는 정말 신을 만나고 싶었다. 신에게 내가 죽으면 어디로 가는지 묻고 싶었다. 하지만 내가 찾는 신은 이곳에서 만날 수 없겠다는 생각이 들었다. 그날 이후로 다시는 절을 찾지 않았다.

여전히 풀리지 않는 수수께끼를 안고 살아가던 어느 날 하굣길에 친구가 말을 걸어왔다.

"너, 우리 교회 안 갈래?"

"교회가 뭐야?"

"응, 하나님 믿는 데야."

"하나님이 누군데?"

"응. 우리 인간을 만든 신이야."

드디어 내 궁금증을 풀 수 있게 되었다.

"그래? 어딘데?"

친구는 손가락으로 십자가 종탑을 가리켰다. 십자가는 높고 뾰족한 교회 탑 위에 우뚝 서 있었다.

"저기 봐! 저기 십자가 보이지? 우리 언제 교회 같이 가자. 거기 가면 사탕도 줘."

"그래! 나도 꼭 데려가 줘."

그러고는 한참을 서로 교회에 대해 까맣게 잊어버렸다. 그 후에 놀이터에서 친구들과 놀고 있는데 멀리서 종소리가 들려왔다.

"땡! 땡! 땡!"

하던 일을 멈추고 종소리에 가만히 귀를 기울였다. 생각해보면 종소리는 늘 그렇게 울렸는데, 그날 처음으로 내 귀에 들렸던 것 같다. '어디서 나는 소리지?' 나도 모르게 종소리가 나는 쪽으로 걷고 있었다. 종소리는 점점 더 가까워졌다. 소리가 나는 곳에는 친구가 손가락으로 가리켰던 십자가가 우뚝 서 있었다.

낯선 건물 앞에서 선뜻 안으로 들어가지 못하고 서성거리는데 어떤 아주머니가 다가와서 내 손을 끌었다.

"너 교회 왔니? 어서 와. 예배드리자."

그날 처음 본 교회의 풍경은 무척 충격적이었다. 예배당 안에는 수많은 아주머니들이 의자에서 일어나서 일제히 두 팔을 치켜들고, 울고불고 소리를 질렀다.

'대체 여기는 뭐하는 데지?'

아주머니들이 모두 자리에 앉자, 어떤 남자 한 명이 의자들 사이를 지나 앞으로 나갔다. 나는 그분을 뚫어지게 쳐다보았다. 그분은 어쩐지 조금 특별해 보였다. 하얀 양복, 하얀 넥타이, 반짝이는 하얀 구두, 그분의 옷은 모두 하얗게 빛이 나는 것 같았다.

'저 사람이 신인가?'

무대 위에 올라간 그분은 마이크에 대고 고래고래 소리를 치기 시작했다. 알아들을 수 없는 이상한 말이었다. 게다가 너무 시끄러워서 들을 수 없을 지경이었다. 두 손으로 있는 힘껏 귀를 틀어막았다. 그렇게 한참을 앉아 있는데 나도 모르게 잠이 들었나 보다.

"얘야, 일어나. 예배 끝났어."

겨우 잠에서 깨어 나가려는데, 다른 아주머니 한 분이 다가왔다.

"너 오늘 우리 교회에 처음 왔지? 부모님은 어디 계시니?"

"일하러 가셨어요."

"아, 그럼 너 지금 집에 바로 안 가도 되니?"

"왜요?"

"우리 같이 기도하자!"

아주머니는 나를 작은 방으로 데리고 갔다. 그곳에는 열 명 정도의 아주머니들이 동그랗게 둘러앉아 있었고, 그중 어린아이는 나 혼자뿐이었다. 아주머니들은 환하게 웃으며 어서 오라며 자리를 내주었다.

"자, 이제 한 사람씩 돌아가면서 기도합시다."

리더로 보이는 아주머니의 말에 다들 손을 잡고 눈을 감았다. 나도 양쪽에 손을 붙들린 채 시키는 대로 눈을 감았다. 어리둥절하고 두려운 마음이 들었지만 분위기에 휩쓸려 하릴없이 눈을 감고 생각했다.

'이곳에서 신을 만날 수 있을까? 만약 만나면 뭐라고 하지? 인사를 먼저 할까? 사람이 죽으면 어디로 가는지부터 물어봐야지.'

둘러앉은 순서대로 한 사람씩 기도를 하는데 다들 무슨 할 말이 그렇게 많은지 꽤 오랫동안 기도했다. 내 차례가 점점 다가올수록 가슴이 콩닥거렸다. '나는 저 아주머니들처럼 기도할 줄 모르는데 어떡하지?' 하는 생각에 불안해지기 시작했다.

드디어 내 옆자리에 앉은 아주머니가 기도를 한다. 무슨 내용이었는지는 기억이 나지 않는다. 그리고 내 차례가 왔다! 아주머니는 내 손을 흔들며 말했다.

"얘, 너도 기도해봐!"

"저…, 어떻게 하는 건지 몰라요."

나는 눈을 뜨고 고개를 설레설레 저었다. 아주머니들은 어떻게 기도해야 할지에 대해 이야기해주었다.

"하나님은 우리를 만드신 분이야. 하나님 이름을 부르면서 아무거나 네가 하고 싶은 말을 하면 돼."

"전 못해요."

"그럼 이렇게 해봐. '하나님, 저 하나님 믿게 해주세요.'"

나는 고개를 끄덕였다. 다시 모두 눈을 감고 고개를 숙였다. 잠시 적막이 흘렀다. 쑥스러웠지만 가르쳐준 대로 기도를 시작했다.

"하나님!" 하면서 입을 떼는데, 이게 웬일인가. 갑자기 혀가 이상해졌다. 혀가 뻣뻣해지더니 입과 얼굴까지 마비가 왔다. 그리고는 내 입에서 나도 모르는 이상한 말이 큰소리로 튀어나왔다. 당황한 나는 곧 말을 멈추려고 했지만 멈춰지지 않았다. 이상한 소리는 쉬지 않고 계속해서 새어나왔다.

아주머니들은 순식간에 나를 에워쌌다. 나를 가운데 엎드러뜨려 놓고, "주여! 주여!" 하며 내 등을 손바닥으로 마구 때리면서 기도를 하는 것이었다. 눈물을 철철 흘리면서 말이다. 이게 대체 무슨 일인지.

등을 얻어맞기 시작하면서 내 입에서는 더 이상 이상한 소리가 나오지 않았는데, 얼마나 세게 때리던지 너무 아파서 얼른 일어나고 싶었다. 하지만 모두 나를 에워싸고 손으로 때리면서 누르고 있었기 때문에 일어날 수가 없었다. 너무 아파서 울자 아주머니들은 더 크게 소리쳤다.

"주여!"

첫 방언은 그렇게 시작됐다.

방언은 너무 신기했고, 어린 나에게 그곳에 계신 하나님이 진짜 신이라는 굳은 믿음을 주었다.

사람들이 예수께서 만져주심을 바라고 어린아이들을 데리고 오매 제
자들이 꾸짖거늘(막 10:13).

누구든지 내 이름으로 이런 어린아이 하나를 영접하면 곧 나를 영접함
이요 누구든지 나를 영접하면 나를 영접함이 아니요 나를 보내신 이를
영접함이니라(막 9:37).

예수께서 보시고 노하시어 이르시되 어린아이들이 내게 오는 것을 용
납하고 금하지 말라 하나님의 나라가 이런 자의 것이니라(막 10:14).

흉악한 담임선생

방언 체험 이후 나는 교회에 열심히 나가기 시작했다. 부모님도
내가 교회에 나가는 것을 말리지 않으셨다.

하지만 중학생이 되고 사춘기가 시작되면서 나의 우울증은 더욱
심해졌다. 아버지의 잦은 사업실패로 우리 집에는 늘 차압 딱지가
붙어 있었고 여러 번 이사를 다녀야 했다. 부모님은 늘 돈 때문에
싸우셨고, 나와 동생을 돌볼 여력은 없어 보였다. 집에만 들어오면

싸우시는 부모님 때문에 집에 들어오기 싫을 정도였다. 집은 늘 우울했고, 내 외로운 마음을 의지할 곳은 어디에도 없었다. 더욱이 사춘기 시절을 보내고 있던 내게 누구에게도 속마음을 털어놓을 수 없다는 외로움은 너무나 큰 슬픔이었다.

그때 나를 달래주었던 것은 음악을 듣는 일이었다. 나는 라디오에서 흘러나오는 음악을 들으며 우는 날이 많았다. 그러다가 좋아하는 노래가 나오면 종이에 건반을 그려놓고 피아노 치는 흉내를 냈다. 피아노가 갖고 싶었다. 엄마는 종이에 그린 가짜 피아노를 치는 내 모습을 여러 차례 본 이후에 중고 풍금을 구해주셨다. 발로 페달을 밟아야만 소리가 나는데 발이 닿지 않으니 내가 풍금을 칠 때마다 동생이 손으로 페달을 움직여주어야 했다.

"좀 세게 눌러 봐! 소리가 안 나잖아!"

"싫어! 힘들어. 누나가 해!"

페달을 움직이는 일을 가지고 동생과 내가 늘 티격태격하자 엄마는 진짜 피아노를 사주셨다. 놀랍게도 나는 따로 배우지 않았지만 피아노를 칠 수 있었다. 절대음감을 타고난 덕분이었다. 전축에서 나오는 노래를 피아노로 따라 치는 일도 어렵지 않았다. 우울하기만 했던 사춘기 시절에 피아노는 내게 기쁨을 주는 유일한 친구였다.

꾸준히 교회에 출석하고 교회 친구들과 어울리면서 서서히 학교 친구들과도 마음을 열고 지낼 수 있게 되었다. 어렸을 때의 일은 점점 잊혀갔다.

글쓰기에 취미가 있었던 나는 자작 소설을 쓰는 것을 좋아했다. 친구들은 내 소설이 재미있다며 매일 기다렸다가 한 페이지씩 돌려봤다. 나는 점점 본래의 밝은 성격을 되찾아갔다. 평범한 중학생으로 살 수 있어서 좋았다.

교회 행사에서 연극 주인공으로 나설 정도로 나는 쾌활해졌다. 연극 속에서 사울이 된 나는 사람들을 핍박하다가 예수님을 만나 눈이 멀게 된다. 그리고 회심하여 거듭나는 역할을 연기하면 됐다. 그때까지만 해도 성경을 전혀 몰랐기 때문에 사도 바울이 누군지도 모른 채 대사만 열심히 외웠다.

드디어 공연 날이 되었다. 객석에 많은 성도님들이 자리했고, 우리는 무대로 올라갔다.

나는 대본에 나와 있는 대로 혼신의 힘을 다해 연기했다. 정말 사울이 된 것처럼 하나님의 사람들을 핍박하고 괴롭혔다. 그런데 그 순간 내가 연약한 사람들에게 너무 나쁜 짓을 하고 있다는 생각이 들었다. 내 앞에서 살려달라고 비는 역할을 맡은 친구를 무섭게 바라봐야 하는 것이 너무 불편했다.

극이 절정에 다다르자 사울은 예수님의 음성을 듣고 그 자리에 꼬꾸라져 장님이 된다. 무릎을 꿇고 눈을 감았는데, 극 중에서 내가 괴롭힌 친구들의 얼굴이 떠올랐다. 나도 모르게 눈물이 났다.

"예수님 정말 잘못했어요. 저의 죄를 용서하세요."

그 자리에서 엉엉 소리를 내면서 울어버렸는데, 사실 이 장면은 대본에 없었다. 나도 모르는 슬픔과 죄책감에 복받쳐 눈물샘이 터져버린 것이었다. 하지만 그 눈물은 특별했다. 왜 우는지 모르고 울었기 때문에 더 그랬다. 그것은 분명 회개의 눈물이었다. 무엇을 회개했는지는 알 수 없었지만 그저 내가 예수님께 큰 잘못을 했다는 마음이 들었다.

다음 장면으로 넘어가지도 못하고 무대에 엎드려 한참을 울어버렸으니 연극은 엉망이 되어버렸다. 전도사님의 부축을 받고서야 겨우 무대에서 내려올 수 있었다. 객석에 앉아 있던 성도님들은 눈물을 흘리며 박수를 쳐주었다. 그날 이후로 나에게는 작은 변화가 일어났다. 하나님의 일을 하고 싶다는 작은 소망이 싹트기 시작한 것이다.

하지만 평범한 중학생의 삶은 그리 오래가지 못했다. 하나님을 알아가기 시작하면서 평화로울 것만 같았던 내 삶의 핸들은 갑자기 엉뚱한 방향으로 꺾여버렸다. 내 영혼을 잠식해 서서히 나를 죽이고, 내 인생 전체를 흔드는 사건이 터져버린 것이다.

초등학교 때부터 나는 공부를 잘하는 아이에 속했다. 중학교 2학년 중간고사에서 굉장히 좋은 점수를 받고 나서는 공부가 더 재미있어졌다. 매일 수업이 끝나면 혼자 도서관에 가서 늦게까지 공부를 하다 집에 돌아갔다. 한번 시작하면 시간 가는 줄 모를 정도로 공부하는 게 즐거웠고, 도서관에 남아 공부하는 시간은 모든 것을 잊을 만큼 평화로웠다.

그날도 어김없이 공부를 마치고 저녁 늦게 교문을 나서는데, 교문 앞에서 담임선생님과 마주쳤다. 담임선생님은 아주 이상한 사람이었는데, 수업시간에 음담패설을 일삼는 것은 기본이고 여학생들의 가슴에 대해 이야기하는 것을 좋아했다. 나뿐 아니라 다른 아이들도 모두 그 선생님을 싫어했다.

선생님의 눈에 띄지 않으려고 멀찌감치 돌아서 가려는데 나를 발견한 그가 내 이름을 불렀다.

"진아! 이리 좀 와봐."

"네? 왜요?"

"어…, 네가 이번에 공부를 너무 잘해서 선생님이 선물을 줘야겠다. 따라와 봐."

"아니에요. 괜찮아요. 저 지금 늦어서 빨리 집에 가야 해요."

선생님은 막무가내였다.

"잠깐만 나 좀 보고 가. 상담실로 따라와."

너무 가기 싫었지만 선생님이 저렇게까지 말씀하시니 달리 어쩔 도리가 없었다.

캄캄한 학교 건물에 들어서는데 이상하게 마음이 불안했다. 상담실은 2층에 있었다. 먼저 앞장서는 그의 뒤를 따라 천천히 계단을 올랐다. 선생님은 어두운 복도를 지나 상담실 문을 열고 나에게 들어오라고 하셨다. 그런데 이상한 것은 상담실에 형광등 스위치를 켜지 않는 것이었다.

"선생님, 불 켤까요?"

"아냐. 켜지마. 그러지 말고 이리로 와봐."

선생님은 상담실 중앙에 있는 소파에 앉아 옆으로 와 앉으라며 손짓을 했다. 창밖에 있는 가로등 불빛이 교실 안을 비췄다. 은은한 불빛에 교실 안은 더욱 고요해졌다.

"선생님, 왜 불을 안 켜세요?"

"그냥 이리로 와서 앉으라니까!"

무섭고 불길한 예감이 들었지만 나는 애써 침착한 척하며 선생님의 건너편에 앉았다. 선생님은 조금 화를 내면서 자꾸 옆으로 와서 앉으라고 했다.

"괜찮습니다."

계속되는 만류에 그는 하는 수 없다는 듯 내 옆으로 자리를 옮겨 앉았다. 그러더니 갑자기 내 교복 치마에 손을 넣고 키스를 퍼붓는 것이었다. 아무리 뿌리치려 해도 내가 당해내기에는 힘이 너무 셌다. 그는 계속 키스를 하면서 나머지 한 손으로는 가슴을 만지려고 했다. 나는 있는 힘껏 그를 밀쳐내고 소리를 질렀다.

"선생님!!!"

그렇게 자리를 박차고 학교를 빠져나왔다. 미친 듯이 뛰어가며 펑펑 울었다.

그날 이후로 나는 학교에 나가지 않았다. 아침이 되면 학교 가는 척하고 나갔다가 부모님이 출근하고 나면 다시 집으로 들어가 이불을 뒤집어쓰고 울었다.

며칠이 지났을까. 그가 집으로 찾아왔다.

다시는 그 얼굴을 마주하고 싶지 않았다. 너무 무섭고 더러웠다. 그는 부드러운 목소리로 내 이름을 불렀다.

"진아! 나와 봐. 응?"

나는 절대로 나가지 않았다. 그의 말에 대답하지도 않았다. 하지만 그는 포기하지 않고 매일 집으로 찾아왔다. 어느 날은 그가 문밖에서 나를 부르고 있는데, 마침 엄마가 집에 온 것이다.

"선생님 무슨 일이세요?"

"네. 근처에 왔다가 진이랑 할 얘기가 있어서 잠깐 들렀습니다. 진이가 너무 예뻐서 빵이라도 사주고 싶어서요."

"아, 그러세요? 잠깐만 기다리세요."

그 사람이 내게 한 짓을 차마 엄마에게 말할 수 없었다. 일곱 살 때 그랬던 것처럼 엄마를 놀라게 할까 봐 두려웠고, 또 이 사실이 친구들에게 알려지면 학교에서도 조롱당할 게 뻔했기 때문이다. 하는 수 없이 그를 따라 집을 나섰다.

그 사람은 나를 빵집으로 데려가서 이것저것 사주며 말을 시켰지만, 나는 그와 눈을 마주치지 않으려고 허공만 쳐다봤다. 할 수만 있다면 그를 죽이고 싶었다. 일곱 살 때의 기억이 스멀스멀 다시 떠오르면서 나를 괴롭혔다. 나는 다시 죽고 싶어졌다.

"진아, 내가 너에게 왜 그랬는지 정말 모르겠니? 너는 왜 그렇게 내 마음을 몰라주니? 선생님은 너를 너무나 사랑한단다. 진이가 커서 어른이 되면 난 너와 결혼할 거야. 부디 내 마음을 알아다오."

그때 그 사람의 나이는 50살이었다.

원하지 않았던 일, 절대 있어서도 안 되는 일이었다. 하지만 세상은 너무나 악했다.

이런 일이 있은 지 얼마 지나지 않아 우리 반에서 나와 가장 친하게 지내던 친구가 자살을 했다. 우리 반 전체는 큰 충격에 휩싸였다. 매일 얼굴을 보면서 공부하고 놀던 친구가 갑자기 죽었다는 사실을 믿기 어려워하는 아이도 있었다. 하지만 놀랍게도 난 그 친구가 너무 부러웠다. 물론 아무에게도 부러움을 표현할 수는 없었지만.

그 친구는 어렸을 때부터 친오빠에게 매일 강간을 당하며 자랐는데 갑자기 임신이 되는 바람에 충격을 받아 자살을 선택했던 것이다. 나만 이런 일을 겪는 것은 아니라는 묘한 동질감과 함께 이제 그 친구는 편히 쉴 수 있겠다는 부러움이 밀려왔다.

'나도 너처럼 쉬고 싶다.'

여호와여 나의 대적이 어찌 그리 많은지요 일어나 나를 치는 자가 많으니이다 많은 사람이 있어 나를 대적하여 말하기를 그는 하나님께 구원을 받지 못한다 하나이다(시 3:1-2).

'동이'를 만나다

그 사람이 집에 찾아와서 엄마를 만난 후에는 엄마에게 들통이 날까 봐 어쩔 수 없이 학교에 나가야 했다.

어쩌면 아빠가 사기만 당하지 않았어도 엄마가 나에게 좀더 신경을 써주었을지 모르겠다. 동생과 나는 늘 돌봐주는 사람 없이 집에 남겨져 있었다. 그런 생활은 초등학생 때부터 지속되었다. 아빠의 사업이 실패할 때마다 엄마는 각종 장사와 보험판매원 등 닥치는 대로 일을 해서 빚을 갚아야 했다. 그래서 더더욱 나에게 일어난 일들을 엄마에게 이야기할 수 없었다. 나는 너무 외로웠다. 내 문제만으로도 충분히 힘든데, 남동생까지 챙겨야 했기에 더 힘에 부쳤다. 하지만 어쩔 수 없었다. 내게 일어난 일들은 내가 감당하기 힘든 것이 분명했지만 누구도 나를 도울 수 없었다.

정말 억지로 학교에 나갔다. 수업은 건성으로 듣기 일쑤였고, 수학 담당이었던 그 괴물 같은 선생의 수업 시간에는 옥상에 올라가서 쭈그려 앉아 있다가 내려오곤 했다.

그 사건 이후로 나는 누구와도 말을 하지 않았기 때문에 친구들은 내가 벙어리가 되었다고 걱정했다. 모두 내가 정신병에 걸렸다고 생각할 정도였다. 수업 시간에는 맨 뒷자리에서 엎드려 울었고, 학교가 끝나면 아무도 없는 교회 예배당에 우두커니 앉아 있다가 십자가를 바라보면서 하염없이 울었다. 목사님이 말씀하시는 예수님이 누구인지 알고 싶어서 성경을 읽어봤지만 도무지 무슨 말인지 이해하기 어려웠다. 교회 사람들은 내가 매일 교회에 나오니까 다들 믿음 좋은 아이라며 나를 칭찬했다.

그해 여름 교회에서 어른들이 충청도 깊은 산속에 한 달 일정으로 봉사활동을 떠난다는 소식을 들었다. 지적장애를 앓는 장애인들이 있는 곳이었다. 전도사님이 나에게도 함께 가자고 했다.

"진아, 거기 가면 어린아이들도 있는데 너도 같이 가면 어떠니? 가서 아이들과 놀아주면 좋을 것 같은데."

나는 곧장 그렇게 하겠다고 대답했다. 정말 너무너무 가고 싶었다. 악마 같은 선생이 있는 이 지옥 같은 동네에서 단 하루라도 빨리 벗어나고 싶었다.

"전도사님, 저 꼭 데려가 주셔야 해요?"

"그래. 알았다. 꼭 같이 가자꾸나."

덜컹거리는 트럭을 타고 자갈길을 한참 달려서 드디어 목적지에 도착했다. 어른들은 천막을 쳐서 예배당을 세웠고, 오래된 시골집을 숙소로 삼고 짐을 풀었다. 그곳에 간 사람 중 학생은 나 혼자뿐이었는데, 나는 예배 때마다 풍금을 치며 예배를 도왔다.

"죄짐 맡은 우리 구주 어찌 좋은 친군지
걱정 근심 무거운 짐 우리 주께 맡기세

그곳에서 나는 '동이'라는 남자아이를 만나게 된다.

동이는 심한 뇌성마비를 앓는 일곱 살짜리 꼬마 아이다. 예배 때마다 여기저기 변을 싸서 묻히는 것은 기본이고, 음식을 먹다가 뱉어서 예배당을 어지럽혔다. 게다가 늘 자신의 팔로 자기 머리를 때렸다.

어른들은 동이까지 돌볼 여유가 없었다.

"진아, 네가 저 아이와 놀아줄 수 있겠지?"

"네, 제가 누나처럼 챙길게요. 걱정하지 마세요."

한 달 동안 동이를 돌보는 것은 내 몫이었다. 시냇가에서 함께 물놀이도 하고, 목욕도 시켜주고, 밥도 먹여주고, 화장실 뒤치다꺼리도 해주었다. 그러자 동이는 나만 졸졸 따라다녔다. 잠을 잘 때도 나와 떨어지기 싫어할 정도였다.

동이가 너무 가여웠다. 그래서 더더욱 그 아이에게 내가 할 수 있는 모든 정성을 쏟으려고 노력했다.

하루는 동이와 시냇가에서 물놀이를 하고 있었는데 아이가 갑자기 발작을 일으켰다. 어른들은 봉사를 가고 아무도 없었다. 동이는 숨을 헐떡이며 곧 죽을 것처럼 고통스러워했다. 그러나 주변에는 도움을 요청할 만한 사람이 아무도 없었다. 내가 할 수 있는 것은 기도뿐이었다. 동이를 품에 안고 주님의 이름을 목놓아 불렀다.

"예수님! 동이를 살려주세요! 제발 동이를 살려주세요!"

나는 정말 간절히 주님의 이름을 부르며 동이를 살려달라고 애원했다. 간절히 기도하면 주님이 들어주실 거라 기대했다. 동이는 곧 숨이 넘어갈 것 같았다.

"동이야, 조금만 참아! 누나가 어른들 모셔올게! 조금만 참아! 알았지? 누나 꼭 돌아올 테니까 여기 가만히 누워 있어?"

동이를 풀밭에 눕혀놓고 허겁지겁 교회로 달려갔다. 달려가는 동안에도 내내 동이를 살려달라고 정신없이 주님께 애원했다. 역시나 교회에는 어른들이 한 명도 없었다. 묵고 있던 집에도 마찬가지였다.

"전도사님! 전도사님! 아무도 안 계세요?"

고통스러워하는 동이를 위해서 내가 할 수 있는 게 아무것도 없었다. 내 얼굴은 눈물로 범벅이 되었다. 혼자 있을 동이가 걱정되어서 더는 여기에 있을 수가 없었다. 다시 동이가 있는 곳으로 달려갔다. 내 몸은 온통 땀으로 젖었지만 전혀 힘들지 않았다. 오직 동이가 살아 있기만 하면 좋겠다는 마음뿐이었다.

하지만 내가 도착했을 때에도 동이는 여전히 숨을 가쁘게 몰아쉬고 있었다. 바닥에 주저앉아 힘겹게 신음하는 동이를 끌어안았다.

"동이야. 누나가 미안해…. 어른들이 안 계셔. 어떡하지….."

동이의 얼굴에 내 얼굴을 부비며 하염없이 울었다.

"예수님, 제발 우리 동이를 살려주세요."

나는 내가 이 세상에서 제일 불쌍한 아이인 줄 알았다. 그런데 여기 나보다 더 불쌍한 아이가 있다. 동이가 너무 가여웠다. 그렇게 얼마가 지났을까. 동이의 숨이 돌아오는 듯했다. 깜짝 놀라서 동이를 일으켜보았다. 동이는 일어나서 벌벌 떨리는 손으로 내 얼굴에 흐르는 눈물을 닦아주었다.

"동이야!"

우리는 얼싸안고 소리를 내어 울었다. 동이는 침을 뚝뚝 흘리면서도 금세 내게 환한 미소를 보여주었다. 그 미소는 내가 지금까지 본 미소 중에서 가장 아름다웠다. 그 순간 나는 태어나서 처음으로 누군가를 진심으로 사랑한다는 게 뭔지 알았다.

●●● 어느 선교사의 눈물

내가 배고픈 것은 먹을 것이 없어서가 아니었습니다
먹을 것 달라 우는 아기 줄 것이 없어 굶주렸습니다
갈증으로 목이 타들어 갔지만
우는 아기 목구멍에 넣어줄 물 한 방울 없어
내 눈물이라도 끝내 아쉬웠습니다

찢기고 빼앗기고 조롱받았지만
고귀한 생명, 죽어가는 아기들
살리지 못하는 내 죄가 부끄러워 분낼 틈도 없습니다

빼앗긴 땅 버려진 땅에서 집 없이 살아도 외롭지 않았는데
큰 집 짓는 소리, 남아 넘쳐나는 돈쪼가리
서로 더 갖자 싸우는 그들 때문에 고독했습니다

큰 집에는 어찌 그리 화려한 것들이 많을까
새로 걸어놓은 화려한 십자가 장식
내 아버지 것과 모양은 달라도 지나갈 때마다 기도했습니다

돈으로 만든 십자가 장식 내려
아이들 먹이고, 갈보리 언덕 피 묻은 나무로 다시 달아주시오
헐벗고 배고픈 아기들, 가슴에 안으니 피눈물 나고 심장이 찢깁니다
부잣집 아저씨 먹다 남은 음식 찌꺼기 이곳에 버려주오
아기 하나 살려달라 주님께 기도했습니다

이제 육신은 늙고 병들어 아기들 돌봐줄 힘도 없으니
박탈당한 영혼들을 보고도 마음 아프지만
병든 내가 무엇을 할 수 있으리

평화의 땅 사랑의 땅으로 고치실 그분 빨리 오셔야지
사랑 없는 이 황량한 곳에 저주받은 육신 기운도 없이 쓰러져 있네

그래도 살겠구나 그분 때문에 살겠구나
이 고단한 육신 예수 십자가만 붙들고 울며 기대고 있네

언제 오시려나 내 아버지 언제 오시려나
내 아버지 얼굴에 침 뱉고도 부잣집 왕 행세하는 이들

화나고 미워서 싸우고 싶어 창자가 뒤틀려도
우리 아버지 그래도 그들 사랑하는 마음 가지라시니

이 병든 육신 아버지 사랑이 야속했는데
내 목숨 아쉬워 말고 굶는 아기들 그래도 돌보라 하실 때

인간의 비통함이 이렇게 야속할 수가 없어 눈물 쏟아내니
더 사랑하지 못한 나의 더 큰 죄 회개케 하셨네

나를 만지시는 아버지 오셔서 말씀하시네

내가 너를 다 안다 너의 눈물도 나의 것이라
이제 일어나라 내가 고치리라
네 병든 육신도 버리라 새것으로 주리라

> 어서 일어나자 배고파 우는 아기 옥수수라도 가지고 가자
> 먹는 아기 얼싸안고 너랑 나랑 웃자꾸나
> 일어나라 어서 일어나거라
> 십자가 붙들고 일어나 가거라

뇌출혈로 죽음의 위기를 여러 번 넘기고 주님의 부르심을 받아 필리핀 원주민 촌에서 사역하시는 어느 선교사님을 안다. 물이 없어 땅을 파서 흙탕물을 먹고 가난한 아이들에게 줄 것이 없어서 늘 가슴 아파하시던 선교사님. 굶는 고통보다도 배부른 교회에서 외면당하는 아픔이 더 크다며 굶어죽는 아이들을 끌어안고 우시던 선교사님의 눈물을 기억하며 쓴 시다.

이단 학교로 끌려가다

내가 다녔던 중학교는 감리교 재단이었다. 2학년 때의 흉악한 담임선생은 나를 곁에 두고 싶다며 3학년 때에도 나를 일부러 자기 반에 배치했다. 그 사건이 있은 후 나는 학교 생활을 제대로 할 수 없었다. 성적은 급격히 떨어지기 시작했다.

고등학교를 정해야 하는 시간이 다가왔다. 선생은 나를 불러서 고등학교 진학에 대해 이야기했다.

"진아, 네가 성적이 많이 떨어졌더구나. 그래서 말인데, 선생님은 너를 정말 아름다운 여인으로 만들어주고 싶어. 네가 고등학교를 졸업하면 너와 결혼하고 싶거든. 그러니 내가 가라는 고등학교에 가야 한다. 알았지?"

그는 나를 이단 재단에서 만든 고등학교에 추천했다. 빚쟁이들 때문에 정신이 없는 엄마는 그 학교에 가면 유학을 가기도 쉽고, 여학생들이 다니기 좋은 학교이며, 대학 진학에도 여러모로 도움이 될 거라는 그의 말에 설득당했다.

"선생님이 알아서 해주세요."

어른들끼리 그렇게 결정을 해버리자 나에게는 더 이상 선택의 여지가 없었다.

엄마는 내가 성적이 많이 떨어지고 늘 우울하게 지내는 모습을 보면서 그런 학교에 들어가 유학이라도 보낼 수 있으면 나을 거라 생각하셨던 것 같다. 당장이라도 엄마에게 그 선생이 내게 하고 있는 짓을 폭로하고 싶었지만 그러기에는 그 이후 일어날 일들에 대한 두려움이 너무 컸다.

결국 그렇게 이단 소속의 고등학교에 진학하게 되었다. 학교가

서울 외곽에 있어서 잠실에서 버스를 두 번씩이나 갈아타고 통학을 해야 했다. 게다가 입학 첫날부터 나는 강남에서 온 날라리라고 놀림을 받았다. 그 학교의 학생들은 모두 그 교파 재단에서 자랐고, 나처럼 재단에서 자라지 않은 사람은 '세상 아이'라고 불렀다.

입학한 첫날부터 중학교 때의 담임선생은 교문 앞으로 나를 만나러 왔다. 내가 나오는 것을 기다렸다가 밥을 사주겠다며 따라붙었는데, 싫다고 뿌리치고 도망치는 일이 수차례 반복되었다.

죽고 싶었다. 내가 더럽혀진 여자이니까 하나님도 나를 더럽게 여기시고 버리셨다고 생각했다. 하나님은 내 기도에 아무런 답이 없으셨다.

역시나 고등학교 생활도 암울했다. 학교의 모든 수업은 이단 종교에 초점이 맞춰져 있었다. 친구들 사이에 끼지 못하고 혼자 지내야 하는 게 제일 힘들었다. 아이들과 친해지려고 내 딴에는 열심히 노력했다. 운동도 열심히 하고, 먼저 농담을 걸거나 장난도 치려고 애썼다. 그러나 그런 행동들을 하면서도 내 마음에는 기쁨이 전혀 없었다. 그것은 원래의 내 모습이 아니었다. 친구들에게서 따돌림을 당하는 것이 두려웠을 뿐이었다.

"얘들아, 나랑 오늘 떡볶이 먹으러 갈래?"

"아니."

아이들은 세상에서 온 나를 결코 그들 무리에 끼워주지 않았다.

"얘들아, 오늘 우리 집에 놀러가지 않을래?"

"아니. 우리끼리 어디 가기로 했어."

"아, 그래? 그럼 다음에 가지 뭐."

매번 거절당하는 게 부끄러웠지만 초라해 보이고 싶지 않아 애써 태연한 척했다. 혼자 버스를 타고 집에 갈 때면 나는 늘 어디에도 속하지 못하고 홀로 버려진 기분이었다. 그리운 중학교 친구들도 만날 수 없었고, 부모님은 늘 바빠서 집에 가도 혼자였다. 어디를 가도 환영받지 못한다는 생각에 자신감도 없이 주눅만 들어 지냈다.

더구나 고등학교 교칙은 심하게 엄격했다. 콜라를 먹다 적발되면 선생님에게 꾸지람을 들어야 했고, 어쩌다 예배에 참석하지 않으면 반드시 회초리를 맞아야 했다. 통학이 힘들어 고등학교 2학년 때 겨우 기숙사에 들어갈 수 있었지만 세숫대야에 라면을 끓여 먹다가 적발이 되어서 인스턴트 음식을 몰래 먹었다는 이유로 퇴사당했다. 이후 학교에서는 부모님께 정학을 통보했다. 결국에는 학교까지 찾아온 엄마가 무릎을 꿇고 빌면서 돈을 쥐여주자 겨우 정학을 면하게 해주었다. 당시에는 그곳이 왜 이단인지 전혀 알 수 없었다. 기독교 학교 중에서도 조금 더 특수한 학교라고만 생각했다. 하지만 그곳에서 나는 더 이상 하나님을 믿지 않기로 결심했다.

하나님은 그렇게 무서운 분이라서 '내가 더럽고 잘난 것도 없으니 나를 버리셨는가 보다' 하고 생각했다.

어리석은 자는 그의 마음에 이르기를 하나님이 없다 하는도다 그들은 부패하고 그 행실이 가증하니 선을 행하는 자가 없도다 여호와께서 하늘에서 인생을 굽어살피사 지각이 있어 하나님을 찾는 자가 있는가 보려 하신즉 다 치우쳐 함께 더러운 자가 되고 선을 행하는 자가 없으니 하나도 없도다(시 14:1-3).

주여 어느 때까지니이까

대학 입시를 1년 정도 남겨두고 우리 집은 또 한 번의 심각한 위기를 겪게 되는데, 용돈을 받을 수 없을 정도였다. 아빠가 큰아버지에게 또 사기를 당했다. 겨우 지난 빚을 갚고 이제 좀 안정되어 살 만하다 싶었는데, 또 사기를 당한 것이다. 아빠는 병원에서 꾸준히 일하셨고, 엄마는 사업을 하고 계셔서 당장 굶어 죽을 정도는 아니었지만 그동안 모아놓은 큰돈을 한꺼번에 잃게 된 것이다.

상황이 이렇다 보니 부모님은 매일 싸우면서 나를 불안하게 했다. 집안이 조용할 날이 없었다.

아침에 학교 갈 차비를 달라고 했더니 엄마는 부부싸움에 대한 분풀이라도 하듯이 내게 화를 냈다.

"내가 돈이 어디 있어? 너도 나가서 네가 벌어서 써!"

더 이상 참을 수가 없었다. 집이 어렵다는 핑계로 고등학생이 될 때까지 내가 새 옷을 입는 날은 손에 꼽을 정도였다. 심지어 1년 내내 같은 옷을 입고 다닌 적도 많다. 사실 내 생각에 우리 집이 그렇게까지 가난하지는 않았던 것 같은데 말이다. 서울에 있는 아파트에 살고 있었고, 밥이 없어서 굶은 적도 별로 없다. 그런데 두 분이 몇 번의 사기를 연거푸 당하다 보니 빚 때문에 늘 돈의 압박을 받았고 때문에 나는 자라면서 예쁜 옷은 물론이고 여학생들이 흔히 갖고 싶어하는 물건도 전혀 가질 수 없었다. 어른이 된 지금은 나도 두 분의 마음을 이해하지만, 사춘기 소녀가 예쁜 새 옷 한 번 입어보지 못하는 것이 그때는 너무 부끄러웠다. 언제나 같은 옷을 입고 다니다 보니 남자아이들은 가난하다고 나를 놀려댔다. 아이들의 놀림 때문에 나는 자격지심에 사로잡혀 다른 사람의 눈치를 보는 게 습관이 되어버렸다. 철이 없던 나는 나를 그렇게 만든 원인이 모두 엄마에게 있다고 생각했다. 내게 닥친 문제가 너무 커 엄마의 마음을 헤아릴 겨를이 없었다.

엄마와 그렇게 싸우고 난 후 학교 수업을 마치자마자 아르바이트 자리를 구하러 다녔다. 학생들이 자주 다니는 커피숍에서 대학생으로 가장하고 일을 할 수 있었다. 매일 방과 후 그곳에서 아르바이트를 하면서 용돈을 벌어 생활했다. 그렇게 일주일 정도 지났을까.

집에 가는 버스 안에서 우연히 같은 반 남자아이를 만났다. 그 아이는 학교에서 나를 가장 미워했던 아이다. 반 아이들이 다 보는 앞에서 나를 주먹으로 때리고 심한 욕을 퍼부어 내가 가장 무서워했던 아이이기도 하다. 학교에서도 불량아로 낙인 찍혔던 아이인데, 무슨 이유에선지는 몰라도 유난히 나를 미워하고 괴롭혔다.

그 아이가 나를 얼마나 싫어하는지 알고 있었기 때문에 당연히 모르는 척하고 맨 뒷자리에 가서 앉는데, 그 아이가 먼저 내 옆으로 와서 앉더니 친한 척을 했다.

"진아, 그동안 내가 미안했어. 사과할게."

속으로는 깜짝 놀랐지만 친구가 없어서 외로웠던 나는 더 이상 아이들에게 미움받기 싫어 그의 사과를 받아주었다.

"괜찮아. 그럴 수도 있지 뭐⋯."

"그래. 우리 앞으로 친하게 지내자. 그런데 너 지금 집에 가니? 나도 너네 집이랑 가까운 데서 살아. 우리 집에 놀러 가자!"

그날은 전도사님과 반드시 교회에 가겠노라고 약속을 했던 수요 일이었다.

"근데 어쩌지? 나 오늘 교회 가야 되거든."

"그래? 그럼 나도 너네 교회 갈래. 같이 가자."

정말이지 너무나 반가웠다. '이 아이가 나랑 같이 교회에 간다니.' 친구를 데려가면 전도사님도 기뻐하실 거란 생각에 신이 났다.

"그런데 진아, 그 전에 우리 집에 들렀다 가자. 나 밥 먹고 옷도 갈아입어야 되거든. 너도 우리 집에 가서 같이 밥 먹고 교회 가자."

"그래. 좋아."

흔쾌히 그러겠노라고 말하고 그 아이의 집에 따라 갔다. 그날 나는 처음으로 순결을 잃는 강간을 당한다. 그 아이는 내가 방에 들어서자마자 문을 잠그고 나를 강제로 눕혀 강간하고는 곧바로 나를 내쫓았다.

"내가 미쳤냐? 너를 좋아하게? 네가 너무 꼴 보기 싫어서 망가뜨리려고 그랬다. 재수 없으니까 이제 꺼져!"

나는 너무나 더러운 존재다. 나는 이 세상에서 가장 더러운 여자다. 그래서 나는 세상에서 버려졌다. 더 이상 이 세상을 살아야 할 이유가 없다.

나는 자살을 하기로 결심했다.

캄캄한 밤, 일기장에 유서를 써서 가방에 넣고 어깨에 짊어졌다.

아르바이트를 해서 번 돈으로 소주 두 병을 사서 집 근처 한강을 찾아갔다(당시만 해도 어른들의 심부름으로 술을 사러 오는 학생들이 많았기 때문에 슈퍼에서 술을 사는 데는 문제가 없었다). 강가에 주저앉아 소주 한 병을 병째로 들이켰다. 어지럽고 구역질이 났다.

"난 죽을 거야. 죽어버리고 말 거야."

울면서 남은 한 병도 모두 비웠다. 그러자 정말 금방이라도 죽을 것처럼 속이 쓰렸다. 온 세상이 빙글빙글 돌았다. 몰래 구해온 담배도 꺼냈다. 여기서 담배까지 피우면 아무런 감각도 없이 죽을 수 있을 거라 생각했다. 한 모금 깊게 들이쉬자 갑자기 속이 메슥거렸고 창자가 쏟아져 나오는 것 마냥 토악질이 나왔다.

일곱 살 때 나를 괴롭혔던 남자들, 나를 따라다니는 중학교 담임선생, 그리고 나를 이렇게 망가뜨린 반 아이의 얼굴이 차례로 지나갔다. 싸움이 잦았던 부모님의 모습도 떠올랐다. 부모님에게 나는 관심 밖이었다. 아무런 사랑을 느낄 수가 없었다. 나는 깊은 슬픔에 빠졌다. 나를 이렇게 만든 남자들을 향한 분노가 치밀어 올랐다. 고통스러웠다. 그러나 그보다 더 견디기 힘든 것은 외로움이었다. 내 아픔을 털어놓을 사람이 단 한 명도 없다고 생각하자, 나는 너무 쓸쓸해져 견딜 수가 없었다.

시커먼 강물 앞에 서서 울면서 고래고래 소리를 질렀다.

"너희를 다 죽여버릴 거야."

"너희를 갈기갈기 찢어서 죽여버릴 거야."

그리고는 마침내 신발을 벗어서 가방 옆에 가지런히 놓고, 천천히 강물 속으로 걸어 들어갔다.

차가운 물이 발에 닿자 온몸에 한기가 파고들었고, 엄청난 두려움이 엄습했다. 시커먼 강물이 금방이라도 나를 집어삼킬 듯한 표정으로 노려보았다. 겁이 났다. 갑자기 죽는 게 너무 무서워졌다. 처음으로 느끼는 죽음이라는 공포에 나는 도저히 물에 뛰어들 수 없었다.

뒤도 돌아보지 않고 허겁지겁 달려서 미친듯이 그 자리를 도망쳐 나왔다. 비틀거리다가 넘어지고 다시 일어나기를 몇 번을 반복하며 무릎과 팔목이 다 까졌지만 아무런 감각도 느낄 수 없었다. 얼마나 지났을까. 너무 추워서 눈을 떠보니 나는 강가에서 멀지 않은 수풀 속에 쓰러져 있었다.

처음 시도한 자살은 의도치 않게 시시하게 끝났다. 죽고 싶은 마음에 그 이후로도 여러 차례 자살을 시도했지만 늘 실패로 끝났다. 목숨은 그렇게 질겼다.

여호와여 어느 때까지니이까 나를 영원히 잊으시나이까 주의 얼굴을 나에게서 어느 때까지 숨기시겠나이까 나의 영혼이 번민하고 종일토록 마음에 근심하기를 어느 때까지 하오며 내 원수가 나를 치며 자랑하기를 어느 때까지 하리이까 여호와 내 하나님이여 나를 생각하사 응답하시고 나의 눈을 밝히소서 두렵건대 내가 사망의 잠을 잘까 하오며 두렵건대 나의 원수가 이르기를 내가 그를 이겼다 할까 하오며 내가 흔들릴 때에 나의 대적들이 기뻐할까 하나이다(시 13:1-4).

인신매매단으로부터의 탈출

운명의 장난일까 아니면 내가 정말 신의 저주라도 받은 것일까.

그 일이 있은 지 얼마 지나지 않아 나에게는 또 다시 충격적인 일이 벌어졌다.

저녁에 버스를 타려고 한적한 길을 홀로 걷고 있을 때였다. 자동차 한 대가 내 앞에 서더니 길을 물었다. 내가 아는 곳이어서 직진하라고 손가락으로 앞을 가리키며 친절히 설명해줬다.

"뭐라고요? 잘 안 들려요. 좀 가까이 오세요."

나는 아무 생각 없이 찻길로 가까이 다가갔다. 차에 대고 가는 길을 말해주려고 허리를 숙이는 순간 길을 묻던 남자가 순식간에

차에서 내리더니 나를 뒷자리로 밀어 넣고 차를 출발시켰다. 그리고는 옆구리에 칼을 들이대고 손수건으로 입을 틀어막았다. 나는 곧 기절했다.

정신을 차려보니 나는 어느 방안에 누워 있었다. 내 옆에는 예닐곱 명의 남자들이 둘러앉아 화투를 치고 있었다. 직감적으로 내가 납치되었음을 알 수 있었다. 어서 이곳을 나가야겠다는 생각에 몸을 일으키려는데, 순간 정신이 몽롱해지면서 천장이 빙글빙글 도는 게 아닌가.

이상하게도 몸이 너무 무기력했다. 저항은 제쳐놓고 스스로 몸을 가눌 힘도 남아 있지 않았다. 이곳에 온 지 얼마나 되었는지 알 수 없었지만 나는 내내 마약 주사를 맞았던 것이다. 그들은 내가 잠에서 깨어날 때마다 팔에 주사를 놓았다.

정신을 제대로 차리기 어려울 정도로 몽롱했지만 두려움과 고통으로 숨이 멎을 것만 같았다. 머릿속에는 아무런 생각도 들지 않았다. 어지럽고 몽롱한 상태만 계속됐다. 내가 지금 살아 있는 것인지 죽은 것인지 알 수 없었다. 마치 어떤 암흑 세계에 갇혀 있는 것 같았다.

이곳에서 빨리 벗어나고 싶었다. 엄마 아빠의 얼굴이 떠올랐지만 나는 몸을 전혀 움직일 수도, 나를 지키고 있는 무서운 남자들을 피해 도망갈 수도 없었다. 사방이 막혀 있어서 혼자서는 도저히 빠져나갈 수 없는 감옥에 갇힌 기분이었다. 더구나 내가 이곳에 갇혀 있는 걸 아는 사람은 아무도 없다. 갑자기 사라진 딸을 찾아 헤맬 부모님을 생각하니 더욱 절망스러웠다. 아무도 모르는 곳에 홀로 감금된다는 것이 얼마나 두려운 일인지는 당해보지 않은 사람은 절대 모를 것이다. 내가 지금 여기서 죽어도 아무도 모를 거라고 생각하니 더 공포스러웠다.

움직이지 못하는 몸으로 누워서 하염없이 울다가 잠들고, 깨어나면 주사를 맞고 또 다시 잠들기를 반복했다. 무서운 남자들은 돌아가면서 매일 나를 겁탈했다. 이미 마약에 중독된 나는 그들이 내게 무슨 짓을 저지르고 있는지도 몰랐다.

'나에게 무슨 일이 일어난 것일까.'

약 기운이 떨어지면 귀신들이 주변에 얼씬거렸다. 갯벌에 발이 빠져 허우적대는 사람처럼 내 영혼은 알 수 없는 암흑 속으로 깊이 빨려들어 가는 것만 같았다. 고통스러웠다. 캄캄한 터널을 지나 시뻘건 불길이 솟아오르는 지하 동굴 같은 것이 보이기도 했다. 무서워서 비명을 질렀지만 소리는 입술을 통해 터져 나오지 못하고 머릿속에서만 울려 퍼질 뿐이었다. 그곳이 정말 지옥이었는지는 나도 잘 모르겠다. 어렴풋이 '아, 이곳이 지옥이구나' 하는 생각이 들었을 뿐이다.

잠에서 깨어나 약 기운이 떨어질 때마다 허공에 팔을 휘저으며 약을 더 달라고 애원했다.

"어, 그럼! 더 줘야지."

그들은 그때마다 주사를 놔주었고, 주사를 맞으면 고통은 금새 사라졌다. 잠에서 깰 때마다 온몸이 아파왔다. 주사를 맞지 않으면 살 수 없을 지경이었다. 나의 존재는 그렇게 희미하게 사라져갔다.

그렇게 또 며칠이 지났다.

"얼마에 넘길까?"

"야, 그건 안 되지."

"그럼 얼마?"

나를 어디론가 팔아넘기려는 것 같았다. 그들의 대화를 듣는 순간 내 속에서는 절규가 터져 나왔다.

'살려주세요. 살려주세요.' 그러나 소리는 입술 밖으로 새어 나오지 않았다. 나는 아무 말도 할 수 없었다.

절망 가운데서 헤매다가, 문득 그토록 원망하고 미워했던 하나님이 생각났다. 왜 진작 그분을 생각하지 않았을까. 너무 오랫동안 하나님을 잊고 살았다. 정신이 혼미한 상태에서 하나님의 이름이 생각났다는 사실을 생각하면 지금도 눈물이 앞을 가린다.

나는 내 영혼을 다 바쳐도 좋을 만큼 간절하게 그분의 이름을 불렀다.

'주님, 주님, 저 여기 있어요. 저 보이시나요? 주님, 제발 저 좀 구해주세요. 저 좀 여기서 탈출하게 해주세요.'

내 인생을 통틀어서 그렇게까지 간절하게 주님의 이름을 불러본 적이 있을까.

그들은 언제나 교대로 나를 지켰다. 누운 자리에서 일어날 힘조차 없었던 나에게 남은 희망은 오직 하나님 단 한 분뿐이었다. 나는 쉬지 않고 그분의 이름을 부르며 매달렸다.

그러던 어느 날, 잠에서 깨어나 보니 그 많던 남자들은 온데간데없고 딱 한 사람만이 벽에 기대어 잠들어 있었다. 나는 누워서 눈동자를 굴리며 천천히 방안을 둘러보았다. 남자는 문 옆에서 코를 골고 있었다. 깊이 잠든 것 같았다.

이곳에서 탈출할 수 있는 기회는 지금뿐이다! 다시 한 번 주님께 기도했다.

'주님, 주님, 제 기도를 듣고 계신가요? 제발 들어주세요. 주님, 저 여기서 나가야 해요. 하지만 주님 저는 지금 너무 어지러워서 움직일 수가 없어요. 정말 하나님이 계시다면 저를 꼭 도와주세요.'

자꾸 눈물이 나서 눈이 잘 떠지지 않았지만 용기를 내야 했다. 천천히 몸을 일으켰다.

얼마 만에 자리에서 일어나보는 것인지 모르겠다. 현기증이 났다. 눈앞이 핑핑 돌고 뱃속에서는 자꾸 구역질이 나올 것 같았다. 하지만 이대로 주저앉을 수는 없다. 나는 있는 힘을 다해 몸을 일으켰다.

잠들어 있는 남자의 앞을 지나갈 때는 긴장과 두근거림으로 몸이 벌벌 떨렸다. 비틀거리면서도 소리를 내지 않으려고 죽을힘을 다해 조심스럽게 한 걸음씩 내딛었다.

드디어 문 앞이다. 마지막으로 기도했다.

'주님! 저는 달릴 힘이 없어요. 주님! 제 손을 잡고 뛰어주세요. 제발요.'

이윽고 문을 열고 밖으로 뛰어 나갔다. '잡히면 난 죽는다. 뛰어야 해, 제발 쫓아오지 마라.' 얼마나 간절히 빌었는지 모른다. 그 몸으로 아무리 열심히 뛰어봤자 얼마나 뛰어갈 수 있었겠는가. 아니나 다를까, 바로 뒤에서 나를 잡으려는 남자가 뛰어왔다.

"거기 서!"

'지금 탈출하지 못하면 내 인생은 여기서 끝난다.' 다시 한 번 주님의 이름을 불렀다.

'주님! 저 좀 살려주세요!'

어디서 나타났는지 내 뒤를 쫓는 사람은 어느새 3명으로 늘어났다.

아마 내가 아프지 않고 건강했다고 하더라도 그들에게 곧 잡혔을 것이다. 그때 갑자기 내 몸이 공중을 나는 것처럼 가벼워졌고 다리가 빨라졌다. 얼마나 빨리 뛰었는지 놀랍게도 그들은 나를 잡지 못했다.

지하철역이 보이자 곧장 그곳으로 뛰어 내려갔다. 그들도 나를 쫓아 계단을 뛰어 내려왔다.

사람들이 많았지만 나는 제정신이 아니었고, 오히려 사람들은 뒤쫓아 오는 남자들에게 길을 내주었다. 누구라도 붙잡고 도움을 요청해야 했다. 나는 곧 역무원 아저씨를 붙들었다.

"아저씨, 저 좀 숨겨주세요. 저 좀 살려주세요. 저 사람들이 저를 납치했어요. 저를 죽이려고 해요."

너무나 감사하게도 아저씨는 나를 매표소 사무실 안쪽으로 데리고 들어갔다. 내가 이 아저씨를 붙들자 멀리서 나를 뒤쫓던 남자들은 바닥에 침을 뱉으며 돌아섰다.

그렇게 살아났다. 하나님께서 내 손을 붙들고 함께 달려주신 것이다.

나는 이 이야기를 할 때마다 그날처럼 눈물이 쏟아진다.

하나님께서 나를 살려주셨다. 주님, 감사합니다. 주님, 고맙습니다. 하나님은 살아 계셨다. 그리고 그 하나님은 나를 살려주셨다. 주님은 나를 버리지 않으셨다. 천만다행으로 나는 약물치료를 통해 마약중독에서 헤어나올 수 있었다. 하지만 내가 주님 앞에 제대로 무릎 꿇게 된 것은 그로부터 10년이 훨씬 지난 다음이었다.

하나님께 감사하는 마음은 여전히 있었지만, 서른 살이 넘을 때까지도 그들을 결코 용서할 수 없었다. 나는 항상 그들에 대한 복수를 꿈꾸며 살았다.

'성공해서 돈을 많이 번 다음 나를 이렇게 만든 사람들을 모두 감옥에 처넣고 벌줄 거야. 나보다 더 비참하게 만들어주겠어. 그들의 인생을 철저히 망가뜨리고 짓밟아줄 거야!'

나의 이러한 심정을 주님께서도 잘 아시니 허락하실 거라고 생각했다. 나는 억울하게 당했고 그들은 악한 사람이니까.

납치되어 감금당한 어둡고 캄캄한 곳, 하나님과 단절된 곳, 그곳은 곧 지옥이었다. 사탄은 우리를 하나님의 손에서 납치하여 어둠 속에 집어넣고 쇠사슬로 결박한다. 그러나 하나님은 늘 승리하신다.

나를 눈동자 같이 지키시고 주의 날개 그늘 아래에 감추사 내 앞에서 나를 압제하는 악인들과 나의 목숨을 노리는 원수들에게서 벗어나게 하소서(시 17:8-9).

3
장

사랑, 꿈을 꾸다

절대음감 소녀, 대학에 들어가다

대학에 들어가기에 내 성적은 턱없이 낮았다. 그도 그럴 것이 종점에서 종점까지 버스를 두 번이나 갈아타고 등교를 하다 보니 일년에 지각을 50번 이상 했다. 또 나는 공부에도 별로 관심이 없었다. 이미 인생 자체를 포기했기 때문이다. 시험 때에는 일부러 답을 엉망으로 쓰면서 장난하듯 꼴찌를 자청했다. 그런 상황에서 6개월도 채 남지 않은 대학입시에서 좋은 성적을 내기란 불가능해 보였다.

대학에 가면 혹시라도 지금과는 다른 생활을 할 수 있을까 싶어서 나는 용기를 냈다. 일단은 가장 자신 있는 작곡을 전공으로 정했다. 절대음감을 타고난 덕에 나는 어떤 음악을 들어도 그것을 악보에 바로 옮길 수 있었다. 대형교회의 성가대 지휘자로부터 외국 곡

테이프를 받아서 합창악보와 반주악보도 만들어주곤 했다.

하지만 좋은 대학을 가기에는 시간이 턱없이 부족했다. 내신은 부족했지만 실기는 경쟁력이 있었기 때문에 서울대 작곡가에 들어가고 싶었다. 내 실력을 아는 서울대 교수가 레슨을 받으라 권유했지만 엄마는 레슨비를 감당할 수 없다며, 지금 재단에 속해 있는 대학으로 진학하길 원했다. 선택의 여지가 없었다. 자포자기하는 심정으로 고등학교와 같은 계열의 대학에 진학해야 했다. 그래도 서울에 있는 4년제 대학이니 일단 들어간 다음에 편입을 하자고 마음먹고 남은 시간 동안 정말 열심히 공부했다. 나는 반드시 성공해야 했다. 그때까지도 내 목표는 오직 성공해서 나에게 나쁜 짓을 한 모든 사람에게 복수하는 것이었다.

실기 시험 날짜가 다가오자 다급한 마음에 해당 대학의 음악학과 조교를 찾아가 사정을 이야기했다. 대학에서는 감사하게도 레슨비를 받지 않고 입시 준비를 도와주었다. 작곡과는 피아노 실기도 중요했는데, 하늘이 무너져도 솟아날 구멍이 있다더니 피아노 레슨도 그분 소개로 무료로 받을 수 있었다. 어릴 때부터 독학으로 피아노를 친 것 말고는 따로 배운 적이 없었는데 선생님은 내 연주를 듣고 칭찬해주셨다.

"너 정말 레슨받은 적 없어? 놀랍구나."

내가 연주한 곡은 베토벤 소나타 8번 '비창'이었다. 운이 좋게도 그 곡으로 음악학과에 차석으로 합격할 수 있었다. 대학에 들어가서는 과대표를 맡아서 할 정도로 학교 생활에 열의를 보였고 공부도 열심히 했다. 교수님들 사이에서 나는 실력 있는 아이로 통했고, 이미 너무 많이 알고 있다며 수업에 들어가지 않아도 학점을 주었다. 그리고 처음으로 제대로 성경을 붙들고 읽기 시작했다. 하나님이 어떤 분이신지 알고 싶었다.

나를 구출해주신 하나님, 그분이 나와 어떤 상관이 있는지 궁금해지기 시작한 것이다. 그러자 이 학교에서 주장하는 교리가 성경에 얼마나 어긋나 있는지가 보이기 시작했다. 나는 다시 괴로워졌다. 내가 이 교단에서 침례를 받기는 했지만 이들의 예배에 참석해서는 안 되겠다는 확신이 들었다. 잘못된 복음을 전하는 곳에서 예배를 드릴 수는 없었다. 필수 과목인 채플에 들어가지 않자 바로 지도 교수님으로부터 제재가 들어왔다.

"채플을 13번 이상 빠지면 자동 제적된다는 사실을 알고 있나?"

"네. 알고 있습니다."

"그런데 자네는 13번 이상을 빠졌어. 이대로라면 학교에서 쫓겨나. 지금이라도 반성문을 써서 가져오게. 내가 이번 한 번은 봐줄 테니 다음부터는 절대 채플에 빠져서는 안 되네."

"죄송합니다. 교수님. 저는 반성할 게 없습니다. 그리고 앞으로도 채플에는 들어가지 않을 생각입니다."

"그렇게 쉽게 생각해서는 안 되네. 그러면 대학을 아예 포기하겠다는 얘긴가?"

"저는 이 학교가 비성경적인 교리를 가르치고 있음을 잘 알고 있습니다. 그래서 예배를 드릴 수가 없어요."

교수님은 마침내 화를 내셨다.

"그럼 학교에서 잘린다고!"

"그럼 이 학교에서 나가겠습니다."

그런 용기가 어디서 생겨났을까. 같은 과 친구들도 모두 나를 만류했다.

"너 미쳤어? 빨리 들어가서 다시 사과하고 이제부터 예배드리겠다고 말씀드려."

사람들은 나를 이상하게 쳐다봤지만 내가 믿는 하나님과 학교에서 가르치는 하나님은 너무 달랐다.

학교를 그만두는 건 당연한 일이었다.

첫사랑의 배신

대학을 그만두고 한동안은 교회에 가서 열심히 예배만 드렸다. 하나님께서 과연 나를 어떻게 사용하실지 궁금했다. 부흥집회, 찬양집회, 신유집회 등 집회가 있는 곳은 어디든 찾아갔다. 하지만 시간이 지나자 그런 열정도 서서히 시들어갔다. 주변에는 여전히 마음을 털어놓을 만한 친구가 없었다. 정상적인 학창 시절을 보낸 적이 없었기 때문에 친구를 사귈 여력이 전혀 없었던 것이다. 그래서 나는 더더욱 신앙으로 외로움을 이겨내려고 노력했다. 하지만 내 안에 분노는 좀처럼 사그라지지 않고 늘 나를 따라다녔고, 나는 극심한 외로움과 우울증에 시달려야 했다. 따지고 보면 속내를 털어놓을 만한 창구가 전혀 없어서 마음의 병이 더 깊어졌던 것 같다.

시간이 흐르자 믿음에 대한 확신도 점점 줄어들었다. 하나님은 나를 극적으로 인신매매단에서 탈출시키셨고, 대학에도 기적적으로 합격하게 하셨다. 하지만 아무리 노력해도 내 힘으로 믿음을 유지할 수는 없었다. 나는 벼랑 끝에서 위태롭게 한 발 한 발 내딛는 심정으로 힘겹게 믿음의 끈을 쥐고 있었다.

다른 대학에 들어가기 위해 학원에 다니면서 다시 공부를 시작했다. 아르바이트로 틈틈이 대학가에 있는 카페에서 피아노를 쳤는데, 일을 하다 그곳 주인과 사랑에 빠지게 된다. 태어나서 처음으로 누군가에게서, 그것도 이성에게서 사랑을 받은 것이다. 그는 사랑한다는 고백과 함께 내게 청혼을 했다. 처음 찾아온 사랑에 나는 정신을 차릴 수 없었다. 그에게 푹 빠져 내 모든 것을 바칠 만큼 열정적으로 그를 사랑했다. 그는 우리 집에 찾아와 결혼을 허락해 달라며 부모님을 졸랐고, 부모님은 내 나이가 아직 어리니 대학을 졸업하면 그때 결혼하라고 하셨다.

그리고 얼마 지나지 않아 나는 덜컥 임신을 하게 된다. 남자친구와는 이미 결혼을 약속한 상태이기 때문에 그도 당연히 기뻐할 거라 믿고 그에게 임신 사실을 전했다. 그런데 기뻐할 줄 알았던 그는 청천벽력 같은 소리를 했다.

"아이는 지워야 해."

"안 돼요! 오빠. 절대 안 돼요. 우리 아이고, 저에겐 첫 아기예요. 우린 곧 결혼할 거잖아요. 아기가 살아서 뱃속에 있는데 어떻게 죽여요. 그것은 살인이에요. 절대 그렇게 못해요."

결단코 아이를 지울 수 없다고 사정했지만 그 사람은 막무가내였다. 아무리 설득을 해도 내가 말을 듣지 않자 그는 나를 강제로 산부인과에 끌고 가서 아이를 유산시켰다.

"나를 사랑한다며, 나와 결혼할 거라면서, 그런데 어떻게 이럴 수 있어…."

죽은 아기가 너무 불쌍해서 견딜 수가 없었다. 낙태 수술 후 슬픔에 빠진 나를 그가 위로하려 했지만 소용없었다. 그가 아무리 나를 달래도 나는 깊은 슬픔에 빠져서 도무지 헤어나올 수 없었다.

하루는 카페 안 사무실에 앉아 있는데 누군가 나를 찾아왔다며 웨이터가 나를 불렀다.

"저기, 누가 찾아오셨는데요."

"누구?"

"모르겠어요. 여자분이세요."

찾아올 만한 사람이 없는데 누가 날 찾아왔다는 것인지 의아한 표정으로 카페 홀에 나왔다. 밍크코트를 입은 여자 한 분이 앉아서 커피를 마시고 있었다.

"저를 찾으셨나요?"

싸늘한 표정의 여자는 그렇다며 자리에 앉으라고 했다. 어리둥절해하며 자리에 앉자 갑자기 자신이 마시던 커피를 내 얼굴에 뿌리는 것이 아닌가.

"왜 이러시죠? 누구세요? 누구신데 저한테 이러시는 거예요?"

너무 황당하고 어이없어서 그 사람이 나보다 어른인 것을 알면서도 마구 대들었다.

"너 아주 보통 년이 아니구나? 너 여기 사장, 결혼한 거 알고 있었지? 이게 어디서 유부남을 꼬셔?"

"무슨 말씀이세요? 오빠가 유부남이라니요. 사람 잘못 찾아오셨어요."

나는 속으로 어디서 이상한 여자가 사람을 잘못 찾아와서 행패를 부린다고 생각했다. 그런데 그 여자가 나를 한참 쏘아보더니 어이가 없다는 듯 한숨을 쉬는 것이다.

"얘가 진짜 몰랐나 보네. 이제 보니 아무것도 모르고 있었구만."

"무슨 말씀이세요? 대체 그게 무슨 말씀이냐고요? 우리 오빠가 유부남이라니요. 아니에요. 그럴 리가 없어요. 잘못 아셨어요."

혹시라도 그 여자 말이 사실일까 봐 두려웠다. 마음속으로 제발 아니기를 간절히 바랐다. 그리고 그녀가 하는 말은 분명히 거짓일 거라고 생각했다. 그때 마침 그가 카페 문을 열고 들어왔다. 이제야 내 편이 온 것 같아 반가운 마음이 들었다.

"오빠, 여기 좀 와봐. 이분이 사람을 잘못 찾아왔나 봐. 나한테 행패를 부리고 있어."

나는 그가 이 여자를 혼내줄 줄 알았다. 그러나 믿기지 않는 상황이 벌어졌다.

내 앞에 앉아 있는 여자와 눈이 마주친 그는 한 마디 말도 없이 그대로 문밖으로 도망쳐버리는 게 아닌가. 나는 내 눈앞에 벌어진 상황을 도무지 이해할 수 없었다. 불행을 감지한 심장이 먼저 뛰기 시작했다.

'이게 무슨 일일까. 이 여자는 누구일까.'

그 사람이 도망치는 걸 본 여자는 다시 나를 바라보며 아까보다 한껏 누그러진 태도로 말을 건넸다.

"저기 아가씨, 정말 미안해요. 사실 제가 누나예요. 내 동생이 아가씨에게 잘못을 많이 한 것 같네요. 내 동생은 시골에 시부모님을 모시고 사는 아내가 있어요. 아이도 둘이나 있고요. 그런데 저 녀석이 서울에 올라와서 장사를 한다면서 집에 한 번도 내려오지 않길래 알아보니 바람이 났다는 거예요. 그래서 내가 직접 올라온 거예요. 정말 미안해요. 아가씨, 지금 보니 못돼먹은 내 동생이 아가씨를 속였네요."

내 앞에는 하얀 봉투가 놓였다.

"그냥 이 돈 받고 내 동생과 헤어져주세요. 그럴 수 있죠? 아가씨? 지금 보니 착한 사람 같은데 정말 미안하게 됐네요."

어떻게 그가 나에게 이럴 수 있는지 정신이 아득해졌다. 모든 게 거짓말 같았다.

"안 돼요. 저 그 사람 아이까지 지웠단 말이에요. 이건 말도 안 돼요. 어떻게 나한테 이럴 수가 있어요.”

그 여자가 건네준 봉투를 그 자리에서 찢어버렸다.

“이건 다 거짓말이야. 말도 안 돼. 난 못 믿겠어. 오빠 입으로 직접 들어야겠어. 오빠 오라고 그래요! 빨리 오라고 그래요!”

난 그야말로 발광을 했다. 하지만 그날 이후 두 달 동안이나 그 사람을 만날 수 없었다. 나는 매일 카페에 나가서 온종일 정신 나간 여자처럼 울면서 그 사람을 기다렸다.

최소한 나는 그에게서 변명이라도 듣고 싶었다. 그게 아니면 헤어지자는 말이라도 직접 들어야 했다. 아니, 이 모든 것이 거짓이라고 말해주기를 바랐다. 그러나 그는 끝내 나타나지 않았다.

하루는 그와 가깝게 지내던 후배가 나를 찾아왔다.

“진아, 이제 그만해라. 그냥 집으로 가. 더는 형 찾지 말고.”

“무슨 소리야. 안 돼. 난 그럴 수 없어. 오빠 데려와. 오빠에게 직접 얘기를 들어야 돼. 그게 사실이면 사실이다 아니면 아니다 직접 말해달라고 해. 아니 내가 여기 오는 게 싫으면 그것도 나에게 직접 이야기하라고 해. 그러면 더는 오지 않을 테니까.”

나는 제발 그 사람을 데려와 달라고 사정했다. 그러자 무슨 마음을 먹었는지 형을 만나게 해주겠다며 따라나서라는 것이다. 우리는 카페 옆에 있는 호프집으로 갔다. 그 가게는 오빠의 친구가 운영하는 집이었다.

괴로운 마음에 따라주는 맥주를 쉬지 않고 들이켰다. 그는 함께 술을 마시며 내게 그 사람을 잊으라고 설득했고, 나는 포기하지 않고 그 사람을 데려오라고 부탁했다. 그러다 술에 취한 나는 테이블에 엎드려서 펑펑 울기 시작한다.

그런데 갑자기 머리에 "퍽" 하는 소리와 함께 병이 깨졌다. 머리가 띵하고 심하게 아팠다. 대체 무슨 일인가 싶어 고개를 들려는데 또 다시 맥주병이 내 머리를 강타했다. 그는 내게 욕설을 퍼부으며 계속해서 새 병을 가져와 내 머리를 가격했다. 나는 피를 흘리다 결국 바닥에 쓰러졌다. 그런데도 그는 축구공 차듯 나를 차고 두들겨 패기 시작했다.

바닥은 피로 벌겋게 물들었다. 그렇게 계속 맞고 있다간 정말 죽을 것 같았다. 살려달라고 신음하면서도 속으로 '오빠가 이 사실을 알면 너를 가만히 안 둘 걸. 두고 봐' 하는 마음으로 남자친구가 빨리 오기를 기도했다. 그 정도로 오빠에게 빠져 있었다.

팔로 기어서 겨우 출입구까지 가서 기절해버렸는데, 얼마나 지났을까. 어디선가 그의 목소리가 들렸다.

"이제 그만해라!"

그게 마지막 인사였다. 나의 첫사랑은 그렇게 끝났다.

가출을 하다

　엉망이 된 몸을 하고 집에 들어갈 수가 없었다. 그래서 그대로 가출을 해버렸다. 나는 이태원으로 가서 외국인을 만나야겠다고 결심했다. 당시 이태원은 갈 곳 없는 젊은이들이 쉽게 선택하는 곳이었다. 미국 사람과 결혼해서 흉악하기만 한 이 땅을 하루빨리 벗어나고 싶었다. 한국은 가는 곳마다 아픈 기억들 밖에 없었다. 그리고 하나님은 나에게 너무 무심하셨고 가혹하셨다.

　이 세상에 나를 사랑해주는 사람은 아무도 없었다. 내 곁에는 내 이야기를 들어줄 만한 사람이 단 한 명도 없었다. 당연했다. 나는 이미 버려진 몸이니까. 임신까지 했던 여잔데 이렇게 더럽혀진 여자를 누가 사랑해줄까. 아무도 나와 결혼하지 않을 것이다. 그러니 나는 이 땅을 떠나야만 했다.

　작은 여관방에 머물면서 주로 외국인들을 상대하는 클럽에서 일했다. 몸을 파는 직업은 아니었지만 문란하기는 매한가지였다. 사장은 얼마나 지독했는지 직원들에게 주는 하루 식사가 고작해야 밥 한 공기와 김치 조금이었다. 온종일 허기진 배를 움켜쥐고 음식과 술을 날라야 했다.

　술을 갖다 주면 외국인들은 옆에 앉으라고 손을 끄는데, 나는 늘 거부하고 만지기만 해도 화들짝 놀라며 반항하니 사장은 나를 못마땅하게 여겼다. 매일 욕설을 퍼부으며 구박하는 일도 서슴지 않았다.

하루는 외사촌들이 클럽으로 나를 찾아왔다. 화곡동에서 굉장히 부유하게 살던 외삼촌네 집은 하루아침에 사업이 망하면서 외삼촌은 돈을 벌러 부산으로 떠나고 아이들과 외할머니는 판자촌으로 쫓겨났다. 사촌 형제들은 부모님을 보고 싶어도 차비가 없어서 만나러 가지 못했다. 얼마나 간절했으면 가출한 나를 찾아왔을까 싶었다. 참담한 마음에 그날 받은 팁을 모두 사촌 오빠에게 주면서 부모님을 만나러 가라고 위로해주었다. 매일 그날그날의 끼니를 걱정해야 하는 나에게도 도움을 요청하는 사람이 있다니 놀라웠다. 하지만 처지가 딱하기는 나도 만만치 않았다. 얼마 지나지 않아 나는 클럽 주인의 심한 구박 끝에 그곳에서 쫓겨나야 했다. 그 후로는 여관방에 누워 울기만 했다. 하나님이 가끔 떠올랐지만 외면하려고 애썼다.

"아냐. 주님은 없어…. 하나님은 없어. 만약 하나님이 살아 계시다 해도 난 하나님께 버려졌어. 더 이상은 찾지 말자."

세상이 너무 원망스럽고 더는 살고 싶지 않았다. 매일 죽고 싶다는 생각만 했다. 어린 나이에 감당하기 어려운 정신적·육체적 고통이 나를 세상 밖으로 밀어냈고 암흑 속에 갇힌 나는 끝없는 방황 속에서 헤어나올 수 없었다.

가끔 여관 복도에서 마주치는 여자아이가 하루는 나를 불렀다.

"너 러미널 알아?"

"그게 뭔데?"

"환각제야. 이거 먹으면 기분이 좋아져. 하지만 많이 먹으면 죽을 수도 있으니까 조심해."

그 아이가 주는 환각제를 받아먹었다. 그렇게라도 하지 않으면 견딜 수 없을 것 같았다. 내 처지가 너무 비참했다. 죽으려고 환각제 여러 알을 통째로 먹어보기도 했지만 목숨은 그리 쉽게 끊어지지 않았다.

내 인생은 그렇게 끝난 것 같았다. 매일 약을 먹을 때마다 '먹고 죽어버리자' 했다. 삶을 포기한 지 오래였다. 살아 있기는 하지만 거의 죽은 사람과 진배없었다. 나는 매일 지옥에 살았다.

너무 배가 고팠던 날이었다. 정말 이렇게 있다가는 굶어서 죽을 것 같았다. 내내 죽고 싶다는 생각만 했는데 제대로 못 먹으니 살아야겠다는 육신의 본능이 꿈틀거렸다. 며칠을 굶었더니 머릿속에는 오직 먹을 것 밖에는 아무 생각도 나지 않았다.

불현듯 내가 일했던 클럽에서 손님들이 먹다 남긴 안주를 쓰레기통에 버렸던 게 생각이 났다. 한밤중에 몰래 그 쓰레기통을 뒤져서 멀쩡해 보이는 음식들을 가지고 와서 물에 씻어 먹기 시작했다.

어느 날은 우연히 구멍가게 앞을 지나는데, 가판대에 올려놓은 후렌치파이가 유난히 눈에 띄었다. 순간 파이가 너무 먹고 싶어져 정신이 혼미해질 지경이었다. 나는 과자를 훔치기로 결심했다.

멀리서 가게를 몰래 훔쳐보면서 주인이 밖으로 나오지 않을 때를 기다렸다. 도둑질을 해본 적은 한 번도 없었는데, 그날 나는 어떻게 해서라도 그 과자를 반드시 먹어야 했다.

아무도 없다! 나는 잽싸게 달려서 과자를 집어들고 뛰기 시작했다. 주인아저씨는 나를 발견하고는 "거기 서!", "도둑이야!" 하면서 쫓아왔다.

들켰다. 아저씨에게 붙잡히지 않으려고 뛰면서 그 와중에 과자를 뺏길까 봐 후렌치파이 포장을 뜯어 입속에 구겨 넣었다. 부드러운 파이와 딸기잼이 입안에서 뒹굴었다. 황홀했다. 그렇게 허겁지겁 과자를 먹으며 달리다가 보도블럭에 걸려 넘어지는 바람에 결국 붙잡히고 말았다. 아저씨는 욕을 퍼부으며 사정없이 나를 두들겨 패기 시작했다. 그렇게 맞으면서도 후렌치파이가 너무 맛있어서 아프지도 않았다.

아저씨가 돌아가고 나서야 참았던 서러움이 복받쳐 올랐다. 그렇게 한참을 길거리에 누워 창피한 것도 잊고 울어버렸다. 지나가는 사람들의 시선은 안중에도 없었다.

"차라리 날 죽여주지."

이 더러운 생명은 왜 이렇게 질길까. 나는 정말 죽고 싶은데 말이다.

아이를 등에 업은 어떤 아주머니가 울고 있는 나를 불렀다.

"이봐, 아가씨. 여기서 이러고 있으면 안 돼. 어서 일어나."

아주머니는 내 손을 잡아 일으켜주었다.

"배고프면 따라와."

아주머니의 집은 아주 허름한 판잣집이었다.

"여기가 내가 사는 집이야. 밥이나 먹고 가."

그 집은 허리를 숙이고 있어야 할 만큼 천장이 낮았다. 아주머니와 나는 기다시피 해서 방안으로 들어갔다. 방안에는 등에 업은 아이 말고도 어린아이가 두 명이나 더 있었다. 그 좁은 방에서 다 같이 살 수 있다는 게 신기할 정도였다.

아주머니는 촛불을 켜고 냄비에 죽을 끓였다. 식당에서 버리는 음식을 가져다가 이렇게 끓여서 드신단다.

아주 적은 양이었지만 아주머니는 아이들과 나에게 모두 조금씩 나누어주었다.

나는 아이들과 함께 허겁지겁 죽을 먹었다. 정신없이 죽을 먹다가 그만 울음이 터지고 말았다. 서러운 눈물은 멈추질 않았다. 울고 있는 나를 보고도 아주머니는 가타부타 말씀이 없었다. 다 먹고 난 후에야 아주머니가 나를 밖으로 불러냈다.

그리고는 아무것도 묻지 않고 내 손에 종이 한 장을 쥐여주었다.

"아가씨. 나 사는 거 봤지? 그래도 우린 울지 않아. 웬 줄 알아? 나보다 더 어려운 사람도 많은데 이렇게 굶지 않고, 비 맞지 않고 아이들과 함께 살 수 있는 것만으로도 너무 감사해서 그래."

아주머니는 나를 따뜻하게 안아주시며 말을 이어갔다.

"아가씨, 아가씨는 아직 젊잖아. 인생은 그렇게 쉽게 포기하는 게 아니야. 어서 부모님 계신 곳으로 돌아가. 내가 보니까 아가씨는 이렇게 살 사람이 아니야. 무슨 일이 있었는지는 모르지만, 그것만 기억해. 그보다 더한 사람도 많다는 거. 그리고 그런 가운데서도 절망하지 않고 우리처럼 기쁘게 살아가는 사람들이 있다는 것."

"어떡해요? 아줌마? 어떻게 이런 상황에서도 기뻐할 수 있죠?"

울먹거리면서 아주머니의 말을 도저히 이해할 수 없다는 듯 되물었다.

아주머니는 빙그레 웃으며 내 손을 잡았다.

"하늘에 소망을 두고 살기 때문이지. 바로 예수님 때문이야. 우리 삶이 이렇게 고통스러울 수밖에 없기 때문에 그분이 오신 거야. 그분을 의지하고 살면, 지금 내가 살고 있는 이곳이 바로 천국이야. 이 종이에 쓴 글은 집에 가서 읽어봐."

그 종이에는 이렇게 쓰여 있었다.

그러므로 너희가 이제 여러 가지 시험으로 말미암아 잠깐 근심하게 되지 않을 수 없으나 오히려 크게 기뻐하는도다 너희 믿음의 확실함은 불로 연단하여도 없어질 금보다 더 귀하여 예수 그리스도께서 나타나실 때에 칭찬과 영광과 존귀를 얻게 할 것이니라 예수를 너희가 보지 못하였으나 사랑하는도다 이제도 보지 못하나 믿고 말할 수 없는 영광스러운 즐거움으로 기뻐하니 믿음의 결국 곧 영혼의 구원을 받음이라(벧전 1:6-9).

나는 그렇게 다시 집으로 돌아왔다.

꿈을 향한 미국 생활

1987년 어느 추운 겨울날, 내가 타고 있던 자동차가 택시와 충돌했다. 차가 세 바퀴 돌고 완전히 찌그러졌는데, 택시에 탄 4명의 아주머니들은 온몸의 뼈가 다 부러질 정도로 크게 다쳤다. 그에 비해 우리 쪽은 세 명 다 무사했다. 뒷자리에 앉았던 나만 심한 타박상으로 두 달 정도 입원해야 했지만 곧 완쾌할 수 있었다. 또 한 번의 죽음의 위기에서 구출된 사건이었다.

얼마후 나는 우연히 만난 동갑내기 백인(독일과 아일랜드 계열)과 여덟 번 만나고 결혼을 결심하게 된다. 부모님이 불호령을 내리실 게 뻔했기 때문에 우리는 아이를 먼저 갖기로 결정했다.

"엄마, 저 미국 사람하고 결혼할 거예요. 반대하지 마세요. 저 임신했어요."

내가 외국인과 결혼하겠다는 것도 놀랄 일인데 임신까지 했다니 엄마는 충격으로 그 자리에서 기절해버렸다. 집안이 발칵 뒤집혔지만 임신한 딸을 어쩌겠는가.

나는 남편과 8개월 된 아이를 안고 미국 필라델피아로 떠났다. 비행기 안에서 창밖을 내려다보며 한국과는 안녕을 고했다.

"다시는 이 땅에 돌아오지 않을 거야. 아니 한국을 향해서는 침도 뱉지 않을 거야. 나를 저주한 땅, 나를 버린 땅, 이제부터는 한국 사람도 만나지 않을 거야."

새로운 출발을 기대하며 고국을 떠나 밟은 미국 땅은 나를 반겨줄

줄 알았다. 그러나 예상과 달리 미국에서의 생활도 순탄치 않았다.

우리의 신혼은 찢어지게 가난한 시댁의 다락에서 시작했다. 화려한 드레스를 입고 매일 파티를 즐기며 살 수 있을 거라고 생각했는데, 모든 게 낯설고 암담하기만 했다. 남편은 술에 찌들어 살았다. 게다가 냉장고가 비어도 돈이 아까워 음식 살 돈을 주지 않았다. 아내인 나와 아들을 위해서는 1달러도 아까워하는 사람이었다. 음식을 사야 하니 돈을 달라고 하면 돈이 어딨냐며 불같이 화를 내기 일쑤였다. 아이에게 먹일 우유가 떨어지면 쌀죽을 끓여서 먹여가며 힘겹게 하루하루를 버텼다. 아이는 매일 아침 눈 떠서 잠들기 전까지 배가 고파서 울어댔고, 상황이 이렇다 보니 내 입으로 들어갈 음식은 꿈도 꾸지 못할 정도였다. 그나마 인정 많은 몇몇 사람들이 간혹 가져다준 빵으로 겨우 허기만 달랠 수 있었다.

미국에 처음 와서 2년간 남편은 의료기구 회사에서 일했는데, 월급을 받으면 술과 마리화나를 사는 데만 돈을 썼다. 집에 필요한 무엇을 사줄 생각은 전혀 하지 않았다. 아이가 감기에 걸려 열이 펄펄 끓어도 감기약 하나 사다주지 않았다. 그나마 내가 비상금으로 가지고 있던 돈은 마약 중독자인 셋째 시누이가 훔쳐가서 모두 탕진해버렸다.

더구나 시어머니는 돈을 내지 않으면 집에 있는 음식들을 공짜로 나눠주질 않았다. 미국 사람들은 원래 이렇게 매몰차단 말인가.
나는 그들이 무서웠다.

　그 집에는 남편의 외할머니와 몸이 편찮으신 시어머니, 마약 중
독자인 시누이가 모두 함께 살았는데 남편의 외할머니는 심한 인
종차별주의자로 동양인인 나를 노예처럼 취급했다. 나를 마음에
들어 하지 않는 것은 물론이고 내가 하는 일은 무엇이든 싫어했다.
일을 시킬 때도 지팡이로 나를 때려가며 말을 했다. 그것은 그나마
참을 수 있었다. 남편은 밖으로만 돌아다니고 집에는 들어오지 않
았다. 이런 사람을 남편이라고 믿고 이곳까지 따라왔다니. 가끔 집
에 와도 항상 만취 상태였기 때문에 제대로 이야기할 수 있는 기회
조차 없었다. 그중에서도 가장 힘들었던 것은 시누이의 폭언과 폭
행이었다. 그녀는 매일 내게 돈을 내놓으라며 주먹질을 했고, 한국
에서 가져온 옷이나 악세사리까지 모두 빼앗아갔다. 이 모든 광경
을 나의 어린 아들은 울면서 목격해야 했다.

　하루는 아이를 1층 부엌에 두고 다락에 물건을 가지러 간 사이
아래층에서 자지러지는 아기 울음소리가 들렸다. 그때의 상황은
지금 다시 생각해도 분노가 치밀어 오를 정도다. 다급해진 마음에
단숨에 1층으로 뛰어 내려가 보니 내가 돈을 주지 않는다고 시누
이가 아기에게 복수를 하고 있었다. 아기를 의자에 앉혀 한 손으로

볼을 잡고 억지로 입을 벌려 핫소스를 병 채로 아기 입 속에 쑤셔 넣고 있는 것이었다. 아이는 숨을 쉬지 못해 얼굴이 새빨갛다 못해 시커멓게 변해갔다. 그 광경을 보자마자 너무 놀란 나머지 나도 모르게 그 여자에게 달려가 오른발로 얼굴을 돌려차 버렸다.

아기를 끌어안고 정신없이 밖으로 뛰쳐나갔다. 다행히 병원을 찾아 아이의 목숨은 건졌지만 치밀어 오르는 분노를 억누를 수 없었다. 그 여자를 죽이고 싶었다.

한국에서 엄마에게 전화가 오면 나는 늘 거짓으로 안부를 전했다.

"나는 잘 살아. 만날 파티 다니고 얼마나 재밌게 사는데…."

엄마에게 차마 이곳 생활을 그대로 전할 수 없었다. 그런데 엄마는 잘 산다는 내 목소리에서 어떤 기운을 감지했는지 연락도 없이 갑자기 미국까지 찾아오셨다. 시어머니 집에서 지옥 같은 삶을 산 지 1년 정도 됐을 때였다.

우리 집은 필라델피아에서도 가장 가난한 흑인들의 동네에 있었다. 초인종 소리에 문을 열어보니 내 앞에 엄마가 서 있는 게 아닌가. 믿을 수가 없었다. 엄마가 여길 찾아오시다니. 우리 집에는 개 여섯 마리와 고양이를 기르고 있었는데, 덕분에 동물 배설물 냄새가 가실 날이 없었다.

엄마는 내 이름을 부르자마자 악취로 인상을 찡그리시더니 뒤돌아 구역질을 했다. 그리고는 형편 없이 변해버린 내 모습을 보고 그 자리에 그대로 얼어붙어 버렸다. 그때의 내 모습은 누가 봐도 거지와 다를 바 없었다.

그도 그럴 것이 제대로 먹지 못한 아이는 삐쩍 말라 있었고, 나역시 굶는 것은 물론이고 매일 구타를 당하다 보니 몸의 이곳저곳이 멍투성이였다. 게다가 나는 온몸이 벼룩에 물린 자국으로 마치 홍역을 앓고 있는 환자와 같았다. 벼룩은 아이의 눈과 귀, 그리고 머릿속까지 활개를 치며 기어 다니고 있었다. 나는 너무 가려워서 제정신이 아니었다. 뾰족한 것만 찾으면 여기저기를 긁어대느라 살갗이 짓무르지 않은 곳이 한 군데도 없었다.

충격을 받은 엄마는 그대로 나와 아이를 데리고 나가 그곳에서 멀리 떨어진 조용한 백인 동네에 집을 마련해주었다. 딸을 보려고 멀리 미국까지 찾아왔는데 잘 사는 줄로만 알고 있었던 자식이 거지 몰골을 하고 있었으니 얼마나 참담했겠는가.

집을 옮겨주신 엄마는 생활비를 하라며 내 손에 두꺼운 봉투를 쥐여주었다. 남편은 엄마가 주신 돈을 바로 가로채 갔고 곧 유흥비로 탕진해버렸다.

나는 가난에서 절대 벗어날 수 없을 것만 같았다. 늘 먹을 것이 없어 굶주려야 했다. 아기도 우유가 모자라 늘 배고픔에 울어댔다. 배가 고픈 건 나도 마찬가지였지만 나는 굶어도 아기만큼은 배불리 먹여주고 싶었다. 하지만 집에 있는 먹을거리라고는 남편이 마시고 남은 술뿐이었다.

가난은 무서웠다. 술이라도 마시지 않으면 배고픔을 견딜 수가 없었다. 결국은 나 역시 알코올 중독에 빠지고 만다.

육체의 소욕은 성령을 거스르고 성령은 육체를 거스르나니 이 둘이 서로 대적함으로 너희가 원하는 것을 하지 못하게 하려 함이니라(갈 5:17).

이와 같이 너희도 너희 자신을 죄에 대하여는 죽은 자요 그리스도 예수 안에서 하나님께 대하여는 살아 있는 자로 여길지어다(롬 6:11).

"예수님은 우리가 원하는 것을 주시러 오시지 않으셨다.
오히려 우리에게 가장 필요한 것을 주시러 오셨다.
우리가 원하는 것은 우리를 결국 사망의 길로 이끌지만
예수님은 생명의 길로 우리를 인도하신다.
그리고 이 생명은 모든 인류에게 공평하게 허락하셨다."

천국, 그 위대한 선물

한인 목사님을 만나다

매일 술을 마시고 아기를 끌어안으며 울기를 반복하는 날이 계속됐다. 어떤 날은 아기와 함께 방에 잠들어 있는데 시끄러운 소리가 나서 내려가 보니 남편이라는 사람이 백인 여자들과 함께 술판을 벌이고 있었다.

이제는 남편이 어떤 일을 해도 화가 나지 않는다.

하나님은 과연 어디 계실까. 초등학교 3학년 때 나를 찾아와 주신 하나님, 인신매매단에 끌려갔을 때 나를 구해주셨던 하나님, 하나님은 어디 계실까.

배고파 우는 아이를 끌어안고 아무리 울부짖어도 하나님은 대답이 없으셨다. 그래도 다시 한 번 잘 살아보겠노라고 이곳 미국까지 왔는데, 이제는 내 자식까지 버리라는 말씀이신가. 하나님은 도대체 왜 침묵하고 계실까. 하나님은 어디 계실까. 큰 교회에만 계실까? 내가 이런 비참한 생활을 인내하지 못하고 불평해서 내게 화를 내고 계신 것일까? 아니면 나는 정말 저주받아 버림당한 것일까?

아기를 부둥켜안고 찢어질 듯한 가슴을 부여잡으며 매일 희망도 없이 그렇게 괴로운 나날들을 보내고 있었다. 밤마다 내 처지가 너무나 가엾고 비참한 나머지 괴로운 마음을 주체할 수 없어서 방바닥을 엉금엉금 기어 다니며 통곡했다. 매일 밤 나는 외로움과 사투를 벌이며 그분의 이름을 불렀다. 살려달라고, 살려달라고, 나를 차라리 데려가시고 내 아들은 살려달라고.

솔직히 하나님을 완전히 믿어서 그렇게 한 것은 아니다. 하나님이 배고파하는 나와 내 아들을 위해 하늘에서 만나를 내려주실 거라고도 믿지 않았다. 그저 내가 마지막으로 의지할 곳은 그분밖에 없었기 때문이었다.

여자들과 얼싸안고 술을 마시는 남편에게 말했다.

"과자 부스러기라도 좀 남겨줘. 내일 애라도 좀 먹이게."

한 달에 20일 분의 우유만 사다 주는 저런 인간도 하나님이 만드신 인간일까. 자식의 굶주림을 보고도 아무런 감정을 느끼지 못하는 저런 냉혈인도 하나님이 만드셨겠지. 사실 그를 그렇게 만든 것은 돈과 술이었다. 돈 앞에서는 처자식도 없는 사람이었으니까.

다시 처벅처벅 방으로 돌아와 습관적으로 술병을 잡으려는데 아기가 잠에서 깨어나 빈 우유병을 빨면서 울고 있었다. 울다가 병을 빨고 우유가 없으니 다시 울기를 반복하는 모습을 보면서 나는 마치 그런 모습을 처음 보는 것 마냥 소스라치게 놀랐다.

갑자기 뱃속에서 뜨거운 것이 솟구쳐 올랐다.

'살아야 한다! 그래 일단은 내 아들이라도 살리고 그런 다음에 죽어도 죽어야겠다.'

나는 그대로 일어나서 방안에 있는 술병을 모조리 밖에 갖다버렸다. 영어도 서툴고 이곳 지리도 잘 모르지만 무조건 아들을 살려야겠다는 마음에 자리를 박차고 일어났다.

밤새 한숨도 안 자고 생각했다. 어디에 가서 돈을 벌 것인가. 하지만 아무리 생각해도 답이 나오지 않았다. 낯설기만 한 남의 땅에서 내가 과연 무엇을 할 수 있을까. 일자리를 찾으러 다닐 교통비도 한 푼 없는데 말이다.

다시 기도했다.

"하나님, 저를 외면하고 계시다는 것 잘 압니다. 어쩌면 당신은 이미 저를 버렸을지도 모릅니다. 그래도 그전에 제발 마지막 부탁 하나만 들어주시고 버리세요. 제 아들을 살려주세요. 일자리만 주세요. 아들 혼자 먹고 살 만큼만 벌게 해주신 다음에, 그 다음에 버려주세요."

내가 할 수 있는 가장 솔직한 기도였다.

동이 트자마자 나는 목적지도 없으면서 나갈 채비를 했다. 남편은 술에 취해 깊이 잠들어 있었다. 자동차 열쇠를 몰래 빼서 아이를 차에 태우고 무작정 거리로 나갔다.

편의점에 들렀다.

"혹시 사람 구하시나요?"

사장은 고개를 저었다. 마트, 식당, 카페, 옷가게 등 쉬지 않고 돌아다녔지만 어디에도 내가 일할 만한 곳은 없었다.

우유병에 담아온 설탕물도 떨어지고 영양실조로 갈비뼈가 다 드러난 불쌍한 내 아기는 울다 지쳐서 잠들어 있었다. 주체할 수 없이 눈물이 쏟아졌다. 운전을 하면서 앞이 보이지 않을 정도로 울었다. 또 다시 과거의 일들이 머릿속을 스쳐 지나갔다.

하나님은 정녕 나를 버리신 건가. 대체 내가 무슨 죄를 지었다고 나에게 이러시는 건가. 이제는 절규를 넘어 원망과 분노가 치밀어 올랐다. 하나님은 없는 게 분명했다.

며칠째 눈만 뜨면 정처 없이 여기저기 일자리를 구하러 다녔다. 하지만 아무도 내게 일자리를 주지 않았다. 가게에서 쫓겨나와 다시 차를 몰고 가는데 수많은 생각들이 오갔다. 이대로 핸들을 꺾어

저 건너편에서 달려오는 트럭을 향해 돌진해버릴까. 그냥 눈을 감아버릴까.

운전하는 내내 아기와 함께 죽어버릴까 했지만 차마 용기가 나지 않았다. 불쌍한 아기는 무슨 죄란 말인가.

그러던 어느 날이었다. 그날도 여기저기 돌아다니는데 하얀 교회 건물이 눈에 들어왔다. 멀리 있는 작은 교회였지만 한글로 적혀 있는 "한인 교회"라는 간판이 눈에 선명하게 보였다. 한인 교회를 보자 만감이 교차했다. 다시는 한국인들을 만나고 싶지 않았다. 그런데 마음과 달리 자동차는 무언가에 이끌린 듯 교회 쪽으로 향했다. 절대로 마주치고 싶지 않았던 한국인, 내가 증오했던 한국, 내가 태어난 나라, 나를 버린 나라.

나는 어느새 교회 앞에 도착해 있었다. 주차장에는 차만 몇 대 있을 뿐 사람들은 보이지 않았다. 내가 여기까지 무엇을 하러 왔을까. 하나님도 나를 외면하시는데 대체 왜 이곳을 찾아왔을까. 한국인을 마주치면 어쩌려고 내가 이곳에 왔을까. 후회하는 마음과 뭔지 모를 그리움이 뒤섞여 혼란스러웠다. 차 안에 앉아서 한인 교회 간판을 바라보자 알 수 없는 서러움에 또 다시 눈물이 쏟아져 나왔다.

그때 한 남자가 교회에서 나왔다. 한국 사람이다! 창피한 생각에 핸들 밑으로 얼른 고개를 숙였다. 그런데 그 남자가 나에게 다가오더니 창문을 두드리는 것이다. 퉁퉁 부은 눈으로 눈물을 훔치며 창문을 내렸다.

"혹시 저희 교회를 찾아오셨나요? 저는 이 교회 목사입니다."

내가 아무 말이 없자 목사님은 다시 한 번 말을 걸었다.

"무슨 일이신가요? 여기까지 오셨는데 잠시 교회로 들어오시죠."

아기와 나는 목사님의 손에 이끌려 예배당으로 들어갔다. 목사님은 내게 자초지종을 물으셨고, 나는 그동안 아무에게도 고백할 수 없었던 나의 아픈 과거를 모두 털어놓았다. 미국에서 처음 만난 한국 목사님에게 말이다. 누군가에게 내 비밀을 말한 것은 그때가 처음이었다.

그분은 나의 살아온 이야기를 묵묵히 들어주었다. 그리고는 조용히 눈물을 흘렸다. 이야기를 다 들은 목사님의 첫 마디는 이랬다.

"배고프시죠? 밥부터 먹읍시다!"

목사님은 내게 다른 아무런 강요도 하지 않았다. 다음 주부터 교회에 나오라든지, 헌금을 내라든지 하는 말씀이 전혀 없었다. 그저 내게 밥을 챙겨주었다. 나는 그분에게서 예수님의 모습을 보았다. 미국에 와서 처음으로 내게 자비를 베풀어준 분이 바로 한국인 목사님이었다.

그분 덕분에 미국에 온 지 1년 반 만에 처음으로 쌀밥을 먹을 수 있었다. 아이도 허겁지겁 밥을 받아 먹었다. 허기가 가시자 목사님은 내게 안수기도를 해주었다. 눈물을 쏟아내며 기도하시는 목사님의 손은 불덩이처럼 뜨거웠고, 기도를 받는 내 몸도 뜨거워졌다.

"하나님이 자매님을 특별히 사랑하십니다. 그리고 지금 부르고 계세요. 자매님은 하나님의 일을 하셔야 할 분이십니다. 순종하세요."

그 말씀이 무엇을 뜻하는지 알 수 없었지만 밥을 주신 것이 너무 감사해서 순종하겠다고 약속했다. 목사님은 어디론가 전화를 거시더니 쪽지를 하나 건네주었다.

"창문 블라인드를 만드는 공장입니다. 우리 교인들이 거기에서 일을 많이 해요. 그곳에 얘기를 해놓았으니 내일 찾아가보세요."

그렇게 해서 나는 미국에서 첫 직장을 얻었고, 나와 아들은 굶주림에서 벗어났다.

너희는 다시 무서워하는 종의 영을 받지 아니하였고 양자의 영을 받았으므로 아바 아버지라 부르짖느니라 성령이 친히 우리 영으로 더불어 우리가 하나님의 자녀인 것을 증거하시나니(롬 8:15-16).

공장도 인종차별이 심했다. 하지만 먹고살기 위해, 그리고 살아 남아야 한다는 일념 하나로 버텨야 했다. 교회도 열심히 나갔다. 다시 살기 위해서 무엇보다 희망을 되찾기 위해 노력했다.

새벽 4시에 일어나 보육원에 아기를 맡기고 일이 끝나면 아기를 찾아 집에 돌아왔다. 받은 월급에서 보육료를 지불하고 나면 10만 원 정도가 남았지만 그것만으로도 너무 감사했다.

사장님에게 인정을 받아야 한다는 생각에 남들보다 두 배는 더 열심히 일하려고 애썼다. 그 결과 출근한 지 3개월 만에 자재 목록을 모두 외웠다는 이유로 검사장으로 승진할 수 있었다. 직원들이 만든 물건이 주문 내용과 일치하는지 줄자를 가지고 다니면서 사이즈를 확인하는 일이었다. 처음 하는 일이라 힘들었지만 내 회사라는 마음으로 정말 최선을 다해 일했다.

그러던 중에 시어머니가 치매에 걸렸다. 간병인이 필요한데 남편의 다섯 남매 중 아무도 어머니를 돌보려 하지 않았다. 그도 그럴 것이 첫째를 제외하고는 모두 마약 중독자들이었다. 그나마 알코올 중독자인 남편과 큰 누나가 돌볼 여력이 있었는데, 누나는 가정 형편상 어렵겠다고 했다.

나도 10만 원밖에 안 되는 생활비로 어떻게 시어머니를 모시나 고민이 됐다. 하지만 나를 굶주림 가운데서 구해주신 주님을 생각하니 도저히 시어머니를 외면할 수 없었다. 심지어 병원에 계시는 동안에도 자식들 중 아무도 어머니를 찾아가지 않았다.

매일 일이 끝나면 집으로 돌아와 아기를 씻기고 밥을 먹인 후 시어머니의 옷가지를 세탁하고 음식을 준비해서 병원을 찾았다. 몸은 피곤했지만 자식들에게 버림받은 시어머니의 인생이 너무 안쓰러웠다. 누군가에게서 버려지는 슬픔이 어떤 것인 줄 너무나 잘 알기에 시어머니를 혼자 둘 수 없었다.

퇴원을 해도 좋다는 의사의 통보를 받고 시어머니를 집으로 모셔왔다. 그래야 하는 게 옳다고 생각했다. 남편은 돈도 없는데 어쩌려고 어머니를 집으로 모셔왔냐며 화를 냈지만 나는 괘념치 않았다.

비만으로 체구가 큰 시어머니를 매일 씻기고 옷을 갈아입히는 일이 만만치 않았다. 게다가 치매 탓에 늘 아무 데나 변을 묻히고 다니셨지만 이상하게도 짜증이 나지 않았다. 그저 그런 시어머니가 한없이 가엾기만 했다. 문제는 약값이었다. 한 달에 10만 원으로 생활비와 약값을 모두 감당할 수가 없었다. 나는 다시 굶어야 했다. 그래도 도저히 생활이 되지 않자 오래전에 시어머니와 이혼

한 시아버지를 찾아갔다. 건축 일을 하시는 분이라 일자리가 있을 거라 생각했다. 시아버지는 선뜻 주말 일자리를 내주었다. 이렇게 해서 나는 하루 평균 3시간을 자면서 평일에는 공장 일과 함께 아기와 시어머니를 돌봤고, 주말에는 건축 현장에 나가서 일을 했다. 페인트 칠을 하고, 벽돌을 나르고, 나무를 자르고, 석고보드를 세우는 등 주로 남자들이 하는 일들이었지만 생활을 위해서는 어쩔 수 없었다.

이런 생활이 반복되다 보니 피곤해서 주일날 교회에 빠지는 날이 많아졌고, 고된 삶에 지쳐 다시 하나님을 잊고 살게 되었다.

일 년 정도를 그렇게 지내던 어느 날 한국 일간지의 필라델피아 본사에서 기자를 모집한다는 광고를 보았다. 어렸을 때부터 글 쓰는 일을 워낙 좋아했기 때문에 나는 그 일이 너무나 하고 싶었다. 기자를 하게 된다면 나에게 나쁜 짓을 한 놈들을 모두 고발할 수 있을 거라는 생각도 들었다. 게다가 지금 하는 일보다 월급도 더 많이 받을 수 있을 것 같았다. 이제는 정말 사람답게 살고 싶었다. 다만 하나 걸리는 게 있었는데 기자 모집 요건은 대학 졸업자 이상이어야 했다.

떨어질 때 떨어지더라도 면접이나 보자는 심정으로 무작정 신문사를 찾아갔다.

"주님 제발 이 신문사에 취직하게 해주세요. 그래서 기자로 성공하게 해주세요."

나는 너무나 간사하게도 필요할 때만 하나님을 찾았다. 죄책감 같은 것은 없었다. 내 인생에서 일어난 일은 나의 의도와 상관없이 일어난 일이었고 나는 피해자였으니까. 죄책감은 가해자가 갖는 것이다. 나는 죄인이 아니었다. 최소한 내 생각에는 그러했다.

예상대로 사장님은 대학 졸업장도 없이 어떻게 신문사에서 일할 생각을 했느냐고 물었다. 간절한 마음에 나도 모르게 그 앞에서 무릎을 꿇었다.

"무조건 가르쳐만 주십시오. 무엇이든지 하겠습니다. 제가 일을 다 배울 때까지 월급은 안 주셔도 됩니다. 그저 가르쳐만 주십시오."

면접이라기보다 애원에 가까웠다. 일자리를 안 주면 어떻게 하나 하는 간절한 마음 한편으로는 정말로 월급을 안 주면 어쩌나 하고 조마조마했다. 난 돈을 벌어야 했다. 내가 성공할 수 있는 길은 이것밖에 없어 보였기에 나는 간절했다.

"내가 여태껏 신문사를 하면서 아가씨 같은 사람은 처음 봅니다. 그 패기가 마음에 듭니다. 그러나 대학을 졸업한 것도 아니고 이런 일을 할 수 있을지도 모르는 상태에서 월급을 줄 만큼 재정이 좋은 회사가 아니니, 일단 월급 없이 수습으로 일을 배워보세요."

드디어 성공에 한 발짝 다가선 것 같아 날아갈 듯 기뻤다. 감사한 마음에 고개가 땅에 닿을 정도로 인사를 했다.

신이 나서 시어머니에게도 알려드렸다. 누구에게든 자랑하고 싶었던 것이다. 잘 못 알아들을 것을 알면서도 어머니의 귀에다가 대고 또박또박 속삭였다.

"어머니, 저 신문사에 취직했어요."

그런데 평소에 며느리도 잘 알아보지 못하시던 어머니가 눈이 또렷해지더니 침대에서 벌떡 일어났다. 그리고는 지갑에서 꺼낸 은행수표에 8,500달러라고 적더니 내게 주시는 것이다.

"진, 이 돈은 내가 평생 식당에서 일하면서 안 먹고 안 쓰면서 모은 돈이다. 아무에게도 말하지 말고 이 돈으로 자동차를 구입해서 쓰렴."

미국에서는 자동차 없이 출퇴근하는 것 자체가 불가능하다. 낡아빠진 오래된 자동차 한 대가 있긴 하지만 남편과 번갈아 타야 했고, 남편은 내가 차를 끌고 나갈 때마다 화를 냈었다. 그런데 치매에 걸린 시어머니가 내게 평생 모은 돈을 건네주시는 거였다. 그런 어머니가 너무 고마워 나는 시어머니를 부둥켜안고 한참을 울었다. 금세 돈을 벌어서 어머니의 돈을 꼭 갚아 드려야겠다고 다짐했다. 그리고 아주 오랜만에 하나님께 감사 기도를 드렸다. 교회를 나가지도 않고 기도도 안 한 지 오래였는데, 급한 일이 생기거나 감사한 일이 생길 때만 이렇게 기도를 한다. 나는 그렇게 믿음이 연약한 신자였다.

40명의 직원이 일하는 신문사에서 내가 주로 하는 일은 기자들에게 커피를 타주고, 점심을 하고, 그외 신문 편집 업무를 돕는 것이었다. 컴퓨터가 없던 시절이라 신문 편집을 손으로 했는데, 나는 주로 종이를 자르는 등의 잡다한 일을 도맡았다. 일이 너무 많아 거의 매일 밤을 새워야 했다. 시간이 날 때마다 어떻게 하면 내가 회사에서 인정받을 수 있을지를 고민했다. 다른 직원들이 하는 일을 어깨너머로 보면서 무엇이라도 배워보려고 노력했다. 물론 일을 가르쳐주는 사람은 아무도 없었다.

사장이 가장 좋아하는 것이 무엇일까 생각하며 직원들이 하는 일을 보니, 역시나 가장 좋아하는 것은 돈이었다. 신문사의 재정은 모두 광고비로 충당되었는데, 광고부 부장들은 자신이 맡은 할당량을 힘겨워했다. 광고를 따오지 못하거나 수금을 해오지 못할 때는 늘 광고부 국장으로부터 꾸지람을 들어야 했기 때문이다.

'그래. 바로 저거야!' 내가 회사에 돈을 벌어다 주면 사장도 나를 인정해줄 것이다. 어떻게 하면 광고를 따올 수 있을까. 생각을 하고 신문을 들여다보니 신문에 한국 광고만 있고, 미국 광고는 하나도 없었다.

"미국 회사들은 한인 사회가 작기 때문에 광고를 내지 않아. 그리고 여기는 영어 하는 사람도 없고, 미국 광고를 따올 만한 사람이 없어!"

그때 생각했다. 한인 사회는 작고 미국은 크다. 큰돈을 벌려면 한인 사회가 아닌 미국 회사를 통해야 한다. 어떻게 하면 미국 회사들의 광고를 따낼 수 있을까. 그러다가 필라델피아에서 발행되는 미국 일간지를 하나 구입해서 광고들을 보니, 자동차 딜러 광고가 온 지면을 차지하고 있었다.

한인들도 자동차는 구입해야 한다. 한국 신문에 광고를 하고 차를 한 대라도 판다면 광고를 하지 않을 이유가 없었다. 도전해보자. 나는 회사에 얘기하지 않고 이곳저곳 자동차 딜러에게 연락하고 광고 담당자와 미팅을 잡았다. 여러 차례 전화하고 방문해서 설득한 결과 결국 광고 계약을 체결했다. 그렇게 시작해서 두 달 만에 한국 광고를 담당하던 부장들보다 내가 광고를 더 많이 따오게 되었다.

사장은 내 성과를 보고 매우 놀라워하며 외국부를 만들어주었다. 입사한 지 몇 개월 만에 부서를 새로 만들고 그 부서의 책임자가 된 것이다.

숨이 끊어지다

1992년 어느 날, 한국에 있는 친구에게서 연락이 왔다. 자신의 친구와 사촌 언니가 필라델피아로 유학을 가는데 있을 곳이 없으니 우리 집에 있게 해달라는 것이었다. 오랫동안 친구가 없어 외로웠던 터라 반가운 마음에 무조건 오라고 했다. 두 친구와 시어머니, 아기, 그리고 가끔 집에 들어오는 남편까지 여섯 명이 다같이 살 정도로 집이 넓지는 않았지만 친구가 생겼다는 생각에 마냥 기뻤다.

하지만 이 친구들과 함께 살기 시작하면서 내 우울증은 다시 고개를 들었다. 부유한 집에서 부족함 없이 자란 친구들은 매일 예쁘게 차려입고 학교와 시내로 나가기 바빴다. 나와 이야기하고 놀아줄 시간은 전혀 없었다. 반대로 나는 매일 일을 하러 나가야 했고, 아픈 시어머니와 아기를 돌봐야 했다.

신문사에서 이틀 밤을 새우고 새벽에 들어와 겨우 잠들어 있던 어느 날이었다. 친구들이 아침에 학교 가는 버스를 놓쳤다며 학교까지 태워달라고 깨우는 것이다. 너무 피곤해서 운전할 수 없으니 택시를 불러서 가라고 했지만 도무지 말을 듣지 않았다.

"그냥 우리만 태워다 주고 와서 다시 자면 되잖아."

학교까지는 왕복 1시간 20분 거리였다. 억지로 몸을 일으켜 학교까지 운전을 하고 갔다. 갈 때는 친구들이 옆에서 재잘거리니까 괜찮았는데 돌아오는 길이 문제였다. 나도 모르게 잠에 들어버린 것이다. 쾅!! 그때 나는 내 인생에서 두 번째의 대형 교통사고를 당하게 된다. 사고는 20중 추돌을 일으킬 정도로 심각했다.

누군가 내 머리를 움켜쥐고 콘크리트 바닥에 얼굴을 내리찍는 느낌이었다. 머리가 얼얼하고 아무런 정신이 없었다. 내 옷은 온통 시뻘건 피투성이가 되었지만 이렇게나 많은 피가 어디서 흘러나오는지 알 수 없었다. 정신이 몽롱했다. 멀리서 희미하게 사이렌 소리가 들리고 곧이어 쇳덩이를 자르는 날카로운 기계음이 들렸다. 소방관들이 찌그러진 운전석 문을 자르고 있었다.

문이 철커덩 하고 떨어지자 갑자기 왼팔에 찢어질 듯한 통증이 몰려왔다.

"일어나세요? 내 말 들려요?"

소방관들은 고래고래 소리를 질렀고, 시끄러운 차 소리와 많은 사람들의 비명이 들려왔다. 내게 무슨 일이 일어난 것일까. 꿈인가? 난 제정신이 아니었다.

나중에 알게 된 사실이지만 내가 타고 있던 차가 완전히 찌그러져 나를 차 안에서 꺼내느라 자동차를 분해해야 했다고 한다. 나는 들것에 눕혀져 구급차에 실렸는데 아픈 것도 잊을 만큼 깊은 졸음이 쏟아졌다. 누군가 내 팔을 수건으로 꽉 묶었다. 너무 큰 통증에 나는 다시 기절했다.

누군가 내 뺨을 자꾸 때렸다. 아픈 것보다 잠을 잘 수 없어 더 괴로웠다. 제발 그냥 나를 가만히 내버려두었으면 하는 생각뿐이었다.

"일어나세요! 잠들면 안 돼요!"

차가운 얼음 바닥에 누워 있는 것처럼 한기가 몰려왔다. 간호사가 이불을 덮어주었지만 내 몸은 발작을 일으키면서 추위에 몸부림쳤다. 그때 간호사가 내 머리에 손을 얹고 기도를 해주었다.

"주여, 이 가여운 여인을 천국으로 인도하여주소서."

기도 소리에 순간 정신이 번쩍 들었다.

'내가 죽는다고? 그럼 집에 있는 우리 아들은 어쩌지? 우리 아들은 엄마가 죽는 줄도 모르고 있을 텐데. 가서 인사라도 하고 와야 하는데….'

나도 모르게 오른팔로 이마에 올려진 그의 손을 치우며 눈을 떴다. 그리고 목에 걸린 십자가를 잡고 기도했다.

'아버지, 저 지금 가나요? 잠깐만요. 잠깐만요. 우리 아들한테 엄마 간다고 인사만 하고 올게요. 네?'

제발 하루만 시간을 달라며 하나님께 간청했다. 머릿속은 온통 아들 생각뿐이었다. 그리고는 다시 깊은 잠에 빠졌다.

죽음 이후의 세계를 보다

알 수 없는 곳에 서 있다.

몸에 아무런 감각이 없었다. 아니 몸은 있었지만 내 몸에서는 어떤 감각도 느껴지지 않았다. '나'라는 존재는 인식했지만 그렇다고 내가 누구인지를 아는 것은 아니었다. 그저 의식으로서의 '나'라는 것만 알 뿐이었다.

마음이 평안했다. 세상에서는 한 번도 경험해보지 못한 평안이었다. 그동안 나를 괴롭히던 근심과 고통은 찾아볼 수 없었다. 아니 그런 게 존재했었는지조차 모른다는 표현이 더 맞겠다. 아주 평안한 상태라는 표현 외에 더 적합한 표현이 없다.

내가 있는 곳이 어디인지 두리번거리는 느낌만 있을 뿐이다.

내가 누구인지라는 생각 자체가 존재하지 않았다. 이 땅에서 있었던 모든 일이 지우개로 말끔히 지워진 느낌이었다. 아무것도 존재하지 않았다. 가족, 자식, 이 땅에서 일어난 여러 가지 괴로웠던 일들, 모든 기억이 애초부터 없었던 것처럼 의식에서 깨끗이 사라져버린 상태였다. 한국, 미국, 지구라는 개념도 없었고, 삶 자체가 아예 존재하지 않았던 것처럼 느껴졌다.

그저 평안했다. 아니 평안 그 이상의 안락함이었다.

"여기가 어디지?"

가만히 서서 주변을 둘러보았다. 나는 둥그런 터널 한가운데 서 있었다. 양쪽 폭이 매우 넓었지만 천장은 그리 높지 않았다. 내가 서 있다는 사실은 알겠는데 다리의 감각이나 몸의 감각은 전혀 느껴지지 않았다.

아무튼 어떤 말로도 표현하기 힘든 상태였다.

계속해서 주위를 두리번거렸다. 그때 내 앞에 강렬하고 눈부신 빛이 비쳤다. 그 빛은 아주 따뜻하고 부드러웠고 눈을 뜰 수 없을 정도로 강렬했다. 빛 때문에 앞이 잘 보이지 않았다.

내 손과 팔을 볼 수 없었지만 손으로 그 빛을 가려보려고 했다. 역시 손의 감각이 느껴지거나 내 손이 보이거나 하지도 않았다. 그저 손이라는 것을 알 뿐이다.

발을 한 걸음 떼었다. "턱!" 하고 내딛는 발걸음 소리가 터널 전체를 울렸다. 나는 한 걸음 한 걸음씩 그 빛을 향해 걸어갔고 그 발자국 소리는 계속해서 터널을 울렸다. 몇 발자국 다가가자 빛 속에 섞여 들려오는 너무나 아름다운 소리가 있었다. 그 소리는 먼 곳에서 내게로 점점 가까워져 왔다.

베토벤 합창 교향곡도 비할 데가 못됐다. 그 소리는 멀리서 들려왔는데 많은 사람이 부르는 대합창곡 같았다.

절대음감을 가진 나는 오래전부터 귀로 들리는 모든 음을 악보로 옮겨 적을 수 있었다. 하지만 이 소리는 지금까지도 도무지 악보로 옮길 수가 없다. 이 땅의 음계로는 절대 부를 수도, 들을 수도 없는 완벽하고 황홀한 소리였다.

"아~ 아아~ 아~" 하는 식의 합창을 아카펠라처럼 화음을 넣어서 부르는데 그 노래가 얼마나 아름다운지 나는 황홀경에 빠져버렸다. 도대체 누가 이 노래를 부르는지 알고 싶어서 발걸음을 재촉해 앞으로 다가갔다. 다가가면 다가갈수록 소리는 더욱더 크고 선명해졌다.

눈부신 빛은 계속해서 내 앞을 비췄지만 앞으로 나아갈수록 빛은 점점 거두어졌고, 앞의 광경이 서서히 눈앞에 펼쳐졌다. 말로 표현하지 못할 정도로 아름다운 광경에 나는 "와~ 와~" 하고 감탄하면서 나도 모르게 앞으로 이끌려갔다. 그 풍경이 있는 곳 앞에 도착했을 때 내 발은 더 이상 움직여지지 않았다. 아름다운 풍경 안으로 뛰어 들어가기 위해 아무리 발을 움직이려고 해도 발이 말을 듣지 않았다.

내 발 앞에서부터 시작해서 끝이 보이지 않는 곳까지 형용할 수 없을 만큼 아름다운 파스텔 빛깔의 꽃밭이 펼쳐져 있었다. 내 종아리까지 오는 높이의 꽃들이 만발해 있었는데 그곳의 꽃은 모양과 색깔이 모두 제각기 달랐다. 모양이 너무나 다르고 아름다워서 인간의 말로는 도저히 표현하지 못하겠지만 둥근 종 모양을 하고 있던 꽃은 기억난다. 유리로 만들어진 것 같기도 하고 자연에서 나는 꽃 같기도 한데, 이 땅에서는 볼 수 없는 모양이었다. 모양은 물론이고 색깔도 모두 제각기 달랐다. 색깔은 모두 연한 파스텔 빛이었다. 꽃들의 색 역시 이 땅에 존재하지 않는 신비로운 색깔들이었다. 가만히 꽃들을 바라만 보고 있어도 너무 행복해서 정신을 차릴 수 없을 지경이었다.

꽃들은 따뜻한 바람을 따라 움직였는데, 살랑살랑 꽃이 움직일 때마다 서로 부딪히면서 크리스털 소리를 냈다. 그 소리는 여기저기 "쨍그랑 쨍그랑" 하면서 마치 구슬 소리 같기도 하고, 탄산음료에 기포가 터지는 소리 같기도 했다. "치이익 퐁퐁!" 꽃들이 아름다운 소리를 냈다. 너무나 오묘하고 신비롭게 말이다.

꽃밭 위 1미터 높이의 공중에서는 합창단의 노랫소리가 들려왔다. 합창단원들은 키가 무척 컸고 엄청나게 많은 수였다. 최소 50명 정도의 인원이 20열로 서서 손에 손을 잡고 노래를 불러주었다. 모두 하얀 드레스를 입었고 등 뒤에는 날개가 달려 있었다. 천사의 합창단이었다.

천사들이 손에 손을 잡고 강강술래를 하듯이 각각의 열들이 서로 엇갈리면서 좌우로 왔다 갔다 하며 나를 향해 노래를 불러주었다. 아름다운 노랫소리는 마치 나를 환영하는 듯했다.

내 왼편에서부터 땅이 끝나는 곳까지 높은 기둥의 유리성이 끝없이 펼쳐져 있었다. 크리스털로 만들어진 그 집들은 보석 그 자체였다. 천사들의 합창과 보석 같은 꽃들의 아름다움만으로도 충분히 황홀해하고 있었는데, 보석으로 지어진 집들을 바라본 순간 나는 입을 떡 벌리고 감탄하지 않을 수 없었다.

집 주변에는 무수히 많은 과일나무들이 있었다. 나무에는 아주 큰 복숭아처럼 생긴 열매가 주렁주렁 맺혀 있었고 그 열매에는 연분홍색, 주황색, 빨간색, 노란색, 연두색 등 다양한 색깔들이 오묘하게 섞여 있었다. 아, 이런 순간에는 언어의 한계를 느낀다. 이 아름다움을 어떻게 표현할 방법이 없으니 말이다.

이곳이 천국인지, 만약 천국이라면 천국의 일부인지 전체인지, 아니면 환상인지 모르겠다. 내가 본 것을 신학적·의학적·과학적으로 명확히 따지는 것에는 관심이 없다. 분명한 것은 하나님께서 내게 죽음 이후의 삶을 분명히 보여주셨다는 것이다. 그리고 그 광경을 봤을 때 내 머릿속은 "와, 천국이다!"라고 감탄했다. 나는 지금도 그 광경을 또렷이 기억하며 그곳이 내가 죽으면 가는 곳인 줄로 여기며 살고 있다.

또 한 가지 놀라운 점은 그렇게 크고 빛나는 보석 집들이 모두 텅 비어 있었고, 그 주변을 천사들이 바쁘게 날아다녔다는 것이다. 그 안에 인간은 단 한 명도 없었다.

나는 그저 "와, 정말 아름답다. 저곳에 들어가고 싶은데 왜 발이 안 움직이지? 들어가고 싶은데…" 하는 말만 속으로 되뇌었다. 그뿐이다.

무한한 황홀감과 극도의 행복감 외에는 아무것도 느낄 수 없었다. 내 기억 속에 있었던 과거의 무수한 일들은 애초부터 없었던 것처럼 깨끗이 지워져 버렸다. 그 당시에 모든 것이 지워졌다는 사실은 내가 죽음에서 다시 깨어난 다음에 알게 되었다. 당시에는 그런 생각조차 들지 않았기 때문이다.

나는 계속해서 발을 움직이려고 애썼다. 그 안에 너무나 들어가고 싶었고, 그 안에서 살고 싶었다. 발을 떼려고 애쓰자 갑자기 그 공간을 크게 울리는 소리가 들렸다.

"깨어나라! 깨어나라!"

어디서 들리는 소리인지 분간이 가질 않았다. 소리는 공간 전체를 울렸고, 마치 그 공간이 그 음성 자체인 것처럼 울렸다. 나는 그 소리에 소스라치게 놀라며 잠에서 깨어났다.

눈을 떠보니 내 머리 위에는 둥근 수술대 조명이 있었다. 주변은 캄캄했다. 웅성거리는 소리에 고개를 돌려보니 의사 가운을 입은 사람들이 내 얼굴을 들여다보며 박수를 치고 껴안으며 환호성을 질렀다. 무슨 기쁜 일이 일어났나 보다.

여기가 어디인지 생각하고 있는데, 의사들 사이에 있던 경찰이 다가와 너무나 밝게 웃으며 말을 건다.

"미시즈 커밍스! 괜찮아요? 와우, 당신이 살아났어요!"

어떤 의사들은 분주하게 움직였고, 어떤 의사들은 눈물을 닦고, 서로 손을 잡으며 잘했다고 축하해주고 있다. 영문도 모른 채 눈만 꿈뻑거리는데, 경찰이 젊은 의사 한 명을 데려와 소개해준다.

"미시즈 커밍스! 이 사람이 당신을 살렸어요. 당신은 숨이 끊겨서 영안실로 옮기려는 중이었어요. 그런데 이 사람이 와서 당신을 살렸어요. 당신은 15분 동안이나 숨을 쉬지 못하다 이제 깨어난 거예요!"

감사의 표시로 고개를 끄덕였다. 그는 노란머리에 파랗고 아름다운 눈을 가진 잘생긴 백인 의사였다. 그 의사는 내 이마에 입을 맞추며 고맙다는 말을 건넸다.

전기충격기로 심폐소생술을 시도해봤지만 끝내 심장박동이 돌아오지 않자 영안실로 옮기려는데 그 의사가 한 번만 더 해보자고 사정을 했다는 것이다. 이미 늦었고 더 이상은 소용이 없다는 만류에도 불구하고 그는 끈질기게 요청했다. 다른 의사들이 체념하듯이 전기충격기를 한 번 올리도록 허락해줬고 이 천사 같은 인턴 의사가 전기를 올려 내 심장에 대자 내가 눈을 뜬 것이다.

그 설명을 듣는데 갑자기 왼쪽 팔에 심한 통증이 왔다. 팔 안쪽의 살이 다 떨어져 나가 핏줄은 완전히 끊어지고 뼈만 하얗게 드러나 있었다. 운전석에 있던 유리가 팔을 자른 것 같단다. 눈도 심하게 따가웠다. 유리 가루가 눈에 많이 들어간 것이다.

몇몇 의사들은 서둘러 왼팔 수술을 준비했고, 다른 의사들은 내 머리맡에 둘러서서 눈에 박힌 유리 조각을 뽑아내기 시작했다. 살이 타는 냄새가 진동했다. 한 번 심장이 멈췄었기 때문에 전신 마취를 할 수 없어서 팔에만 부분 마취를 하고 수술을 해야 했다.

그리고 나는 깨어났다.

몸이 회복되자마자 나는 교회로 달려갔다. 그리고 주님께 기도했다.

"주님, 감사합니다. 죽음에서 살려주시고, 또 제게 천국을 보여주셔서 감사합니다. 하나님이 정말 살아 계시다는 것을 깨닫게 하신 것 맞죠? 사람들에게 천국이 실제로 존재한다는 사실을 알려주라는 말씀이시죠? 네. 그렇게 하겠습니다."

이상하다. 그렇게 아름다운 천국을 다녀왔는데도 육신으로 돌아오고 나니 즉시 살아 있는 것에 감사하고 있지 않은가. 천국이 그리운 것은 맞지만 기억 속에 있을 뿐이고, 육신이 살아 있음에 더 감사한 이 감정은 무엇일까. 오랫동안 이 문제를 놓고 고민했다. 결국 육신은 육의 것을 생각하게 되어 있다는 말씀을 체감한 순간이었다.

•••• **사랑하는 나의 당신이여**

꽃보다 더 아름다운 것이 있으면 당신을 표현할 수 있으리까
보석보다 더 영롱한 것이 있으면 당신을 표현할 수 있으리까

희어서 너무나 희어서
크리스털 가루 뿌린 광대하고 찬란한 그 빛
너무나 아름다워서 그립고 그리워 사모합니다
당신의 옷자락 만져볼 수 있을까
아쉬움으로 수줍지만
나를 바라보신 당신의 눈빛, 내가 사모하나이다
아름다운 당신이여, 사랑의 입맞춤으로 잠자는 나를 깨우소서
당신의 피 흘린 손으로 나를 잡아 일으키소서
꽃보다 아름답고 보석보다 찬란한 나의 당신이여
이제 그 영롱한 빛으로 내 형제도 고치소서
당신의 그윽한 눈빛으로 앞 못 보는 그의 길도 밝히소서
당신의 울림이 움푹 패인 골짜기까지 들리게 하소서
당신의 옷자락을 떨림으로 부여잡았던 그 여인
돌아보신 당신이니이다
만지신 당신이니이다
당신의 옷 실오라기라도 우는 이마다 내어주소서
홀로 된 이들마다 내어주소서
고치소서 보수하소서 깎고 또 깎으소서
밝고 희고 아름다운 꽃처럼 만지소서
너무나 아름다워서 너무나 찬란해서
그립고 그리워 눈물로 당신을 바라보니이다
당신의 사랑으로 오늘도 이렇게 숨을 쉬나이다
사랑하는 나의 당신이여
사랑하는 나의 당신이여

천국에 다녀온 사람은 어떻게 살아갈까

천국에 다녀온 사람은 어떻게 될까. 단박에 믿음이 성장하고, 거룩해지고, 성화될까.

그렇지 않았다.

천국에 다녀온 황홀감과 기쁨은 얼마 가지 못했다. 몸이 완전히 회복되기도 전에 나는 일을 해야 했다. 나에게는 천국 경험보다 먹고 사는 게 더 시급했다. 그러면서 나는 내가 얼마나 간악한 죄인인가를 깨달았다. 특별한 기적을 체험하지 않고도 언제나 신실하게 주님을 섬기는 사람들이 정말 존경스럽다. 그들은 진정으로 축복을 받은 사람들이다.

우리가 믿음으로 행하고 보는 것으로 행하지 아니함이로다(고후 5:7).

그 어떤 기적으로도 인간은 갑자기 성화되지 않는다. 그것이 천국 체험이라고 해도 말이다. 인간이 가진 죄성 때문이다. 성화와 체험은 아무런 상관이 없다. 믿음은 결코 자기 의지로 얻을 수 없고, 눈으로 본 것으로 믿음을 유지할 수도 없다. 천국의 아름다움을 보고 왔다 할지라도 육신으로 돌아오는 즉시 인간은 육신의 것,

땅의 것을 더 소중히 여기며 살아간다.

천국을 경험했음에도 불구하고 삶에 대한 고난과 수고로움은 사라지지 않았다. 예수 그리스도를 믿는 온전한 믿음은 천국을 본다고 생기지 않았다. 그저 '그래. 천국이 정말 있구나. 알았어. 이제 열심히 일해서 이 땅에서 성공해서 멋지게 살다가 천국에 가면 돼'라고 생각했다.

다만 천국을 본 경험은 내가 힘들 때마다 주님의 은혜를 기억하게 하는 기념비가 되어주었다. 사고로 얼굴에 유리 조각이 박혀서 작은 상처들이 많았지만 크게 잘못된 부분은 없었다. 팔도 살점이 다 뜯겼지만 흉터는 안쪽으로만 남았다. 나는 이것을 영광의 상처라고 부른다. 하나님은 내게 큰 선물을 내려주셨고, 그분의 은혜를 잊지 말라는 증표를 남겨주신 것이다.

하지만 영과 육의 세계는 그 어떤 힘으로도 좁힐 수 없을 만큼 멀리 있고, 하나님은 이 두 세계 사이에 십자가라는 다리를 놓아주셨다. 나는 이 사실을 천국을 경험하고도 20년이나 더 지나서야 겨우 알게 되었다.

이 세상에 보이는 것은 잠깐이고, 보이지 않는 영적 세계는 영원하다. 보이는 것은 안개처럼 잠깐 나타났다가 사라지는 것들이다. 이것은 마치 그림자와 같다. 실제가 아니다. 우리는 보이는 것이 아니라 영원하고 참된 것에 관심을 두어야 한다.

우리가 주목하는 것은 보이는 것이 아니요 보이지 않는 것이니 보이는
것은 잠깐이요 보이지 않는 것은 영원함이라(고후 4:18).

사업을 시작하다

당시 내 관심은 오로지 돈을 버는 데에만 있었다. 보통 남자들보
다 몇 배나 더 많은 일을 하면서 남들 다 가는 여름휴가도 한 번 가
지 않았다. 굶주림에 대한 두려움은 내 안에 있는 물질적인 성공에
대한 욕망을 끊임없이 부채질했다.

남편이 미 육군 예비군 모집병으로 뽑히면서 우리는 필라델피아
에서 메릴랜드 주로 이사했다. 아들 토니에게 남동생이 생기고, 남
편의 수입이 많이 늘었지만 그는 여전히 한 달에 10만 원의 생활비
외에는 단 한 푼도 주지 않았다. 주말이면 술주정뱅이가 되어 행패
를 부리는 일도 멈추지 않았다. 아이 둘을 혼자 키우면서 일하는 것
도 버거운데, 술에 취해 폭력을 휘두르는 남편과의 전쟁은 나를 몹
시 지치게 만들었다. 삶의 무게에 짓눌려 하나님을 생각할 시간이

없었다. 천국은 나의 기억 속에만 남아 있을 뿐이었다.

메릴랜드 주에서 버지니아 주까지 운전해서 한 시간이 넘는 출퇴근길을 오가며 주간지 기자로 일했다. 작은 회사라 월급은 밀리기 일쑤였고, 수입은 얼마 되지 않았지만 나는 반드시 기자로 성공해야 했다.

그러던 어느 날 사람들이 사건을 제보하겠다며 나를 찾아왔다. 변호사에게 사기를 당한 사람들이었다. 변호사는 법률 지식이 없는 선량한 사람들을 상대로 사기를 쳐서 많은 돈을 가로채고 있었다. 이들의 눈물진 호소를 듣고 있자니 오래전 내게 악행을 저질렀던 자들의 얼굴이 떠올랐다. 이들은 내게 간곡히 부탁했다.

"이 사람을 꼭 잡아주세요."

회사에 사건을 보고하고 취재를 나가려는데 사장이 변호사를 잘못 건드리면 회사가 손해를 입을 수 있다며 취재를 막는 것이다. 그런데도 나는 이 사건을 반드시 조사해야겠다는 마음이 들었다. 선한 사람들이 피해를 당하는 것이 마치 내 일처럼 여겨졌다. 자그마치 1년 동안이나 회사 몰래 피해자들을 만나 증거가 될 만한 자료들을 수집했다. 어느 정도 자료가 모이자 수집한 자료를 FBI에 넘겼고, 이윽고 사기꾼 변호사는 감옥에 잡혀 들어갔다. 이 사건을 계기로 한인 사회에서 유명했던 몇몇 사기꾼들이 줄줄이 검거됐다. 정말 통쾌한 순간이었다.

이때부터 나는 사람들로부터 성실하고 훌륭한 기자라고 인정받기 시작했다.

하지만 회사에서는 늘 재정이 어렵다는 이유로 제때 월급을 주지 않았다. 신문에 들어갈 광고를 내가 제일 많이 체결해오는 데도 말이다. 적은 월급으로 아들 둘을 키우며 생활하기는 너무 벅찼다. 결국 돈을 벌려면 내 사업을 해야겠다는 생각이 번뜩 들었다. 그렇게 해서 스물일곱 살에 처음으로 광고 회사를 차리는 것으로 내 사업을 시작하게 된다.

주로 자동차 딜러들을 상대로 광고 대행 업무를 했는데, 광고주들을 찾아 만나려고 새벽에 일어나 온종일 돌아다니다 자정이 다 되어서야 겨우 집에 들어왔다.

특별한 기술이 있는 게 아니었다. 무조건 딜러들을 찾아가 매니저를 만나게 해달라고 사정하고, 어쩌다 매니저를 만나게 되면 광고를 맡겨달라고 설득하는 식이었다. 선약을 하지 않고 무작정 찾아가 문전박대를 당하는 일도 많았다. 하지만 그렇게 하지 않으면 매니저들을 만날 수가 없었으므로 나는 포기할 수 없었다. 아주 잠깐만 시간을 내달라고 애원해도 매니저들을 직접 만나기는 너무 어려웠다.

메릴랜드 주에 있는 어느 토요타 딜러를 방문한 날이었다.

"무엇을 도와드릴까요?" 하며 상냥한 웃음을 짓는 안내 데스크 직원에게 명함을 건네자 직원은 웃음기 가신 얼굴로 지금은 바빠서 만나줄 수 없다며 나를 내쫓으려 했다. 잠깐이면 된다고 부디 시간을 내달라고 아무리 부탁해도 직원은 꿈쩍도 하지 않았다. 그때 직원을 붙들고 통사정을 하는 나를 보고 어떤 중년 남자가 다가와 무슨 일이냐며 참견을 하는 것이다.

나를 쫓아내려던 직원은 그에게 고자질하듯 말했다.

"광고 세일즈 하는 여자인데 막무가내로 매니저님을 만나게 해달라고 해서 내보내려던 참이었습니다."

그러자 남자는, "내가 여기 매니저입니다. 당신에게 정확히 5분 줄 테니 하고 싶은 말이 있으면 5분 안에 하고 가세요"라며 자신의 사무실로 나를 안내했다.

나는 주어진 5분 동안 그를 위해 우리 회사가 할 수 있는 역할에 대해 최선을 다해 설명했다. 한참을 잠잠히 듣고만 있던 그는 갑자기 내 말을 막았다.

"당신이 지금 무슨 말을 하는지 당최 알아들을 수가 없군요. 그러나 땀을 뻘뻘 흘리며 얼굴까지 빨개지면서 열변을 토하는 걸 보니 당신이 무엇을 하는 사람인지는 모르겠지만, 당신 같은 사람과 계약을 하면 무엇이든지 내게 돈을 벌어다줄 것 같다는 생각이 드는군요. 계약합시다!"

사실 그때까지만 해도 내 영어 실력은 콩글리시 수준이었다. 콩글리시도 때로는 이렇게 도움이 된다. 이 광고를 계기로 나는 회사를 차린 지 두 달 만에 47군데의 자동차 딜러와 계약을 맺는 데 성공한다. 하루아침에 평생 한 번도 만져본 적 없는 지폐를 손에 쥐었다. 그때부터 매달 몇 천만 원씩을 저축할 수 있을 정도로 돈을 많이 벌게 된 것이다. 드디어 지긋지긋한 고생이 끝나는 것만 같았다.

하나님의 존재! 천국의 경험! 이것은 일단 뒤로 제쳐두자. 나는 이제야 태어나서 처음으로 사람답게 살 수 있을 만큼의 돈을 벌고 있다. 너무 바쁘다. 교회에 갈 시간도, 신앙생활을 할 여유도 없다. 일단 돈부터 벌어야 한다. 그래야 이 지긋지긋한 고생이 완전히 끝난다.

살모넬라로 또다시 죽음 앞에 가다

1996년 여름, 평소처럼 아침식사로 계란후라이를 먹었다. 그리고 온종일 아무것도 먹지 않았는데 오후부터 열이 나기 시작하더니 온몸이 불덩이처럼 뜨거워졌다. 해열제를 먹고 누워 있는데도 열은 좀처럼 내려가질 않았다. 저녁이 되면서부터는 갈증도 심해졌다. 남편에게 물을 좀 가져다 달라고 아무리 흔들어 깨워도 술에 취해 잠들어 있는 남편은 일어나질 않았다. 하는 수없이 겨우 몸을 일으켜 아래층에 있는 부엌으로 내려가다가 그만 거실에서 정신을 잃고 쓰러져버렸다. 내가 쓰러진 줄도 모르고 잠을 자던 남편은 밤 늦게서야 화장실에 가려고 일어났다가 나를 발견했다. 남편은 곧장 집 근처에 있는 포트미드Fort Meade 군속 병원으로 나를 옮겼다. 병원에서는 내 몸을 침대에 묶고 열을 식히려고 얼음물을 끼었었지만 좀처럼 열이 내려가질 않았다. 여러 가지 검사를 해봤지만 원인을 찾을 수 없었다. 그들은 조금 더 큰 병원으로 가보라고 했고, 구급차에 실린 나는 그곳에서 40분 정도 떨어진 워싱턴 D.C.에 있는 월터리드 육군의료센터(1909년에 세워진 미국 육군 최대 규모의 병원으로 군인과 그 가족, 정부 인사들의 치료를 맡고 있다. 버락 오바마 대통령도 매년 이곳에서 건강검진을 받는다고 한다)로 후송됐다.

병원 앞에 도착하자 의료진들이 이미 나와서 나를 기다리고 있었다. 그들은 급하게 나를 병원 안으로 옮겼고 며칠 동안 계속해서 검사만 했다. 하지만 이상하게도 열은 내려가지 않았고, 병의 원인조차 알아낼 수 없었다. 결국 3일이 지나서야 살모넬라라는 식중독에 걸렸음이 밝혀졌다.

월터리드 병원이 세워진 지는 100년이 되었는데, 살모넬라 환자는 내가 처음이라고 했다. 그 말은 곧 이 병원에는 내 병을 치료할 만한 약이 없다는 의미였다.

살모넬라균에 감염됐다는 사실을 알게 된 날부터 통증이 시작됐다. 장이 녹아내리면서 피를 쏟아냈는데, 아이를 낳을 때보다 천 배는 더 아팠다. 치료약이 없어서 의사들은 통증을 완화시켜주는 모르핀과 항생제만 처방해줬다. 그들은 내게 "I'm very sorry"라고 말할 뿐이었다. 고쳐줄 방법이 없어서 미안하다는 것인지, 아니면 고통스러워하는 환자에 대한 안타까운 마음을 전하려는 것인지 모르겠지만 미안하다는 말이 내 귀에는 희망이 전혀 없다는 뜻으로 들렸다. 몸이 너무 아프니까 슬픔을 느낄 겨를도 없었다. 그저 이 고통이 어서 빨리 멈추기만을 간절히 바랄 뿐이었다.

통증과 함께 피를 쏟아낸 지 6일 째였다. 몸을 움직일 수 없는 것은 물론이고, 이제 정신까지 흐려졌다. 하필이면 병실 창밖으로 영안실이 보였다. 누군가의 죽음을 슬퍼하는 조문객들이 매일 똑같은 표정을 하고 왔다 갔다 했다.

누워서 물끄러미 창밖을 바라보면서 '나도 곧 저기로 가겠구나' 하는 생각에 마음이 무거워졌다. 그러자 아들들이 너무 보고 싶어졌다. 감염의 위험이 있어서 면회가 금지된 터라 며칠 째 아이들을 만날 수 없었다. 내가 죽은 뒤에 남겨질 아이들을 생각하니 마음이 아팠다.

아이들이 엄마 없이 어떻게 살아갈까. 자식들과 헤어져야 한다고 생각하니 말로 다 할 수 없을 만큼 비통했다. 병원에 온 지 7일째 되던 날, 담당의사와 간호사들이 병실을 찾았다. 의사는 내 손을 잡고 미안한 표정을 지었다.

"미시즈 진, 출혈로 인해 장의 손상이 너무 심각하게 진행되었습니다. 아무래도 오늘 밤을 넘기기 힘들 것 같습니다. 여기 전화기가 있으니 가족들에게 작별 인사를 하세요."

이미 죽음을 예감해서인지 두렵지는 않았다. 내 머릿속에는 오직 남겨질 두 아이들 생각뿐이었다.

"선생님, 우리 아들들을 마지막으로 한 번만 보게 해주세요. 부탁드릴게요."

담당의사는 그렇게 하라고 했다.

남편이 큰아들의 손을 잡고 둘째는 유모차에 태워 데리고 왔다.

"엄마! 많이 아파요? 언제 집에 와요?"

"응. 토니, 엄마 조금 있으면 금방 집에 갈 거야. 대신에 그동안 동생을 잘 보살펴줘야 한다. 알겠지? 이리와 엄마를 안아주렴."

아들은 달려와 나를 끌어안고 작은 손으로 나를 토닥토닥 해주었다.

"엄마…, 사랑해요. 아프지 말고 빨리 집에 오세요."

"응. 그래 토니야."

남편은 아무 말도 하지 않고 서 있었다.

"아이들을 부탁해요. 제발 이제 술 좀 그만 마시고, 내가 없더라도 우리 아이들 잘 키워줘요. 마지막으로 부탁할게요."

병실을 나서는 아이들의 뒷모습을 보자 하염없이 눈물이 흘렀다. 한국에 계신 부모님에게도 전화를 걸었다.

"엄마, 나…."

"그래. 목소리가 왜 힘이 하나도 없니?"

"감기 몸살이 와서 그래. 엄마, 오래 살아야 돼요. 우리 토니와 대니얼을 위해서라도…."

"무슨 뚱딴지같은 소리냐? 엄마 바쁘니까 끊어."

그러고는 전화는 끊어졌다.

또 통증이 몰려온다. 간호사가 모르핀을 가져왔다. 일주일 동안 네 시간에 한 번씩 모르핀을 맞았는데, 통증이 얼마나 심했는지 주사를 가져오는 간호사의 얼굴이 천사처럼 보였다.

'이것이 마지막 주사가 되겠구나….'

마지막으로 기도했다.

"주님, 교통사고로 죽었을 때 보여주셨던 천국으로 저를 데려가 주실 거죠? 그 이후로도 주님을 위해 아무것도 해드린 게 없는데…. 이렇게 허무하게 세상을 떠나게 하실 작정이셨으면 그때 왜 저를 다시 내려보내셨어요? 주님… 주님…."

그렇게 울다가 잠이 들었다.

그날 밤 꿈을 꾸었다. 나는 어린 소녀의 모습을 하고, 부드럽고 따뜻한 기운이 도는 아름다운 숲속에 서 있었다. 내 앞에는 시냇물이 흐르고 있었다. 햇빛이 출렁이는 물결을 비칠 때마다 시냇물은 황금빛으로 일렁였다.

무엇에 홀린 듯 물끄러미 시냇물을 바라보고 있는데, 건너편에 키가 무척 큰 예수님이 나타나셨다. 나는 한눈에 그분이 예수님이시라는 걸 알 수 있었다. 예수님은 하얗고 긴 옷을 입고 계셨고, 다리까지 내려오는 길고 하얀 머리카락은 빛이 나면서 부드러운 바람에 흩날렸다. 예수님의 얼굴은 너무나도 눈부셔 이목구비를 또렷이 확인할 수는 없었고, 형체만 알아볼 수 있었다. 그분은 온통 빛으로 뒤덮여 있었다.

나도 모르게 예수님께 인사를 했다.

"안녕하세요? 예수님!"

예수님은 아무 말 없이 나무바가지에다 시냇물을 가득 담아 내게 주셨다.

"애야, 이것을 마시고 다 나아라."

바가지에 물이 가득 차서 찰랑거렸지만 한 방울도 밖으로 새어 나가지 않았다. 물은 너무나 아름답게 반짝여 보는 것만으로도 시원해지고 깨끗해지는 것 같았다.

"감사합니다. 예수님!"

두 손으로 바가지를 받아들었다. 그리고는 그 안에 담긴 물을 단숨에 들이켰다. 그렇게 시원하고 맛있는 물은 처음이었다. 목이 타 들어갈 것 같았는데 예수님이 주신 물을 마시자 갈증이 말끔히 해소되었다. 어찌나 시원하고 달콤하던지 십수 년이 지난 지금도 그 물 맛을 잊을 수가 없다.

그리고 잠에서 깨어났다. 단지 꿈이었다. 그런데 이게 웬일인가. 죽고 싶을 만큼 나를 괴롭혔던 통증이 사라졌다. 나는 곧 장내시경실로 옮겨졌다. 많은 의사가 지켜보는 가운데 장내시경을 집도하는 의사는 모니터를 보다 말고 깜짝 놀라 소리를 질렀다.

"도대체 뭐가 어떻게 된 거야?"

의사들이 술렁거렸다.

"오마이갓!"

모니터에는 심각한 출혈로 거의 대부분이 훼손되었었던 내 장이 선홍빛을 띠며 건강한 모습으로 바뀌어 있었다. 출혈의 흔적조차 보이지 않았다. 이 소식은 병원 전체에 퍼졌다. 수십 명의 의사와 간호사들이 내 방을 번갈아 들어오며 내게 질문을 쏟아냈다.

"이게 어떻게 된 일인가요?"

아이러니하게도 병을 고쳐야 할 의사들이 내게 어떻게 병이 나았는지를 묻고 있었다. 그들에게 간밤에 꾸었던 꿈 이야기를 해주었다. 밤사이에 일어난 일은 그뿐이었기 때문이다. 의사들이 그룹을 지어 들어왔다가 나가면 다른 팀이 들어왔다. 의사들의 발걸음은 쉬지 않고 이어졌다.

그들은 계속 같은 질문을 했다.

"어젯밤 잠들기 전 몸에 어떤 변화가 있었습니까?"

그들에게 해줄 말이라곤 어젯밤 꿈에서 만난 예수님과의 일뿐이었기 때문에 그 이야기만 반복해서 들려줬다.

"저는 평소와 다름없이 출혈이 있었고, 진통제를 맞고 잠들었어요. 평소와 다른 증세는 아무것도 없었어요. 여느 때와 다름없이 어제도 말할 수 없이 배가 아팠고 너무나 고통스러웠죠. 약 기운 때문에 겨우 잠들 수 있었습니다. 그뿐이에요. 다만 꿈속에서 예수님을 만났죠."

그리고는 꿈속에서 있었던 일을 상세히 설명했다. 아파서 앉아 있지도 못하고 누워만 있던 내가 하룻밤 사이에 멀쩡하게 일어나서 그들과 이야기를 하고 있으니 모두가 혼란스러워하는 게 당연했다. 하지만 아무리 꿈 얘기를 해주어도 단 한 사람도 내 이야기를 진심으로 믿지는 않았다.

그날 내 병실에 들어온 의사들은 100명이 넘었다. 같은 이야기를 몇 번이곤 반복했지만, 결국 내 이야기는 아무도 믿지 않았다. 내 진료일지는 국가기밀을 보관하는 곳으로 보내졌다. 그곳에는 이렇게 적혀 있었다.

"살모넬라균 감염 환자로 입원한 진 커밍스의 이야기는 의학적으로 설명할 수 없는 미스터리에 속한다. 그러므로 이 기록은 국가에서 보관한다."

"미시즈 커밍스, 이제 퇴원하셔도 좋습니다."

병실 밖에서 웅성거리는 소리가 들렸다.

"왜들 저래? 왜 사람 말을 못 믿는 거야. 내가 거짓말을 할 이유가 뭐가 있겠어!"

이상한 사람들이다. 그들은 이 일을 기적이라고 하면서도 예수님을 만난 이야기는 믿지 않았다. 나는 내 이야기를 믿어주지 않는 그들에게 약간 화가 났다. 심지어 그들은 퇴원하기 전 나를 정신과 의사에게 상담을 받게 했다. 혹시 내 정신에 문제가 생긴 것은 아닌지 하고 의문이 들었던 것이다.

"당신은 정상이네요."

정신과 의사는 나와 몇 가지 대화를 나누고는 앞으로도 건강 잘 챙기라며 악수를 건넸다. 투덜거리며 옷가지를 챙겨 병실을 나서려는데 누군가 또 병실 문을 노크했다. 이제는 귀찮은 마음까지 들었다. 그런데 이분의 차림새가 의사는 아니었다. 검은 양복을 입은 나이 많은 목사님이었다.

"안녕하세요. 저는 이 병원에서 근무하는 목사입니다. 당신의 이야기가 지금 전 병동에 전해져서 큰 이슈가 된 것은 아시죠? 저도 지금 그 소문을 듣고 급하게 달려왔습니다. 혹시 떠나셨으면 어쩌나 하고 걱정했는데 천만다행입니다. 힘드시겠지만 저에게 그 이야기를 다시 해주실 수 있을까요?"

왠지 이분은 내가 하는 이야기를 믿어줄 것 같았다. 나는 온종일 반복했던 이야기를 또 한 번 아주 자세히 했다. 목사님은 내내 진지하게 경청하셨고, 마침내는 눈물을 떨어뜨리셨다.

"감사합니다. 주님!"

목사님은 내 손을 꼭 잡고는 나를 한 번 안아봐도 되겠느냐고 물으셨다. 그렇게 하시라고 했다. 눈물은 통곡이 되었고 목사님은 하염없이 "주님, 감사합니다"라고 고백했다.

"미시즈 진, 이 병원에서 아무도 당신의 말을 믿지 않는다고 해도 나는 믿습니다. 그리고 감사합니다. 사실 나는 이십대부터 팔십이 넘는 지금까지 목회를 해왔지만, 예수님의 존재에 대한 확신이 없었습니다. 오늘 미시즈 진을 만나지 않았다면 아마도 나는 불신으로 지옥에 갔을 겁니다. 고맙습니다. 고맙습니다."

수도꼭지를 틀어놓은 것처럼 눈물을 주르륵 주르륵 흘리시는데, 나도 그만 눈물이 쏟아져 그분과 함께 병실 침대에 앉아 손을 붙들고 펑펑 울었다.

하나님의 존재하심이 너무나도 감사했다.

주님! 사랑합니다.

회심, 구원의 길로 인도해주시는 하나님

주님, 저는 죄가 없어요

살모넬라의 경험으로 나는 또 한 번 충격에 빠졌다.

'하나님은 대체 왜 나에게 이러시지?' 하는 궁금증이 나를 괴롭혔다. 남들은 평생에 한 번 겪을까 말까 하는 일들을 나는 왜 이렇게 자주 겪는 것일까. 필라델피아에서 만난 한인 목사님의 말씀이 떠올랐다.

"자매님은 하나님의 일을 해야 합니다."

너무 혼란스러웠다. 아니 하기 싫었다! 하나님의 일이 뭔지는 모르겠지만 하나님은 제발 나를 좀 가만히 내버려두셨으면 좋겠다는 생각이 들었다. 이제야 좀 살만해졌는데 말이다.

퇴원하고 집으로 돌아와서도 한동안 잠을 뒤척이며 예수님과의 만남, 그리고 천국의 일을 생각했다. 한 번도 아니고 두 번이나 천국을 경험하다니. 감사한 마음이 들기도 했지만 한편으로는 너무 두려웠다. 왜 하필 나여야 하나. 하나님을 믿기는 하지만 사역자가 되는 것은 싫었다. 십자가를 지고 순례자의 길을 가는 건 나 같은 사람에게는 어울리지 않는 말이었다.

하나님의 일? 고생을 해야 한다는 말인가?

나는 정말이지 고생이 너무 싫다. 이제 돈을 벌기 시작했는데, 돈이 생기니 이렇게 좋은 것을. 왜 자꾸 내가 원하지 않는 일과 맞닥뜨려야 하는가. 하나님은 대체 왜 내게 이러시는가.

"가난한 목사님들, 선교사님들, 순교자들…. 나보고 그런 일을 하라니, 나는 못해. 절대 못해!"

얼마나 그런 갈등을 했을까. 어느 날부턴가 마음이 자연스레 바뀌기 시작했다. 하나님께서 진정 내게 뜻하시는 일이 무엇인지 궁금해졌다.

나를 향한 하나님의 뜻을 알지 못하면 앞으로의 삶도 지금까지와 별반 다르지 않을 거라는 생각이 들었다. 놓치고 싶지 않은 세상의 부귀, 그리고 하나님의 뜻. 나는 이 둘 사이에서 갈등했다. 죽음 이후 세계를 보고 오니 이 땅에 사는 동안 하나님을 제대로 알지 못하고 죽는다는 게 얼마나 슬픈 일인지를 알았다. 하지만 나의 반쪽 마음은 여전히 세상을 사랑했다.

무수한 갈등 끝에 이번에는 반드시 하나님에 대해 알아내고야 말겠다고 다짐했다. 잘못 꿰어진 내 삶의 단추를 다시 채우기 위해서는 하나님의 뜻을 알아야 했다. 나는 갈급해졌다. 그러고 보니 어릴 때부터 하나님께 어린아이처럼 막연하게 의지하기만 했지 하나님과 나 사이에 어떤 일이 있는지에 대해서는 깊이 생각해본 적이 없었다.

주님은 나의 모든 것을 알고 계시고 계속해서 내게 무엇을 알려주고 싶어하시는 것만 같았다.

기도하면 분명히 주님이 응답해주실 거라는 믿음도 생겼다.

이제야 처음으로 기도다운 기도를 했다. 더는 내 필요를 채워달라는 응석이 아니었다. 지금 하는 기도는 하나님께서 내게 무엇을 원하시는가에 대한 질문이다. 오직 한 가지만 기도했다.

"주님, 저를 향한 주님의 뜻이 무엇인가요? 알려주세요. 왜 저에게 이런 일이 계속 일어나는지 알려주세요."

해답을 찾기 위해 성경을 읽기 시작했다. 물론 잘 이해되지는 않았지만 포기하지 않았다. 하지만 아무리 성경을 읽어도 머릿속에 남는 말씀은 없었다. 이스라엘의 역사와 나의 현실 문제들은 전혀 상관없어 보였다. 고통 가운데서 승리했던 욥에게서 조금 감동을 받았지만 그저 동화 속 이야기처럼 느껴질 뿐이었다.

그러나 나는 절박했다. 하나님을 제대로 믿지 않고 죽으면 그때는 너무 늦는다는 걸 알았기 때문이다. 하나님은 누구이신가. 하나님께 나는 무엇인가.

그러다 마음이 답답해질 때면 근처에 있는 공동묘지를 찾았다. (미국은 묘지가 공원처럼 경치도 좋고 나무가 많아서 쉬면서 묵상하기 좋다.)

천천히 걸으면서 사람들의 묘지를 하나씩 둘러보았다. 묘비에는 몇 년도에 출생해서 몇 년도에 사망했다는 날짜와 이름이 새겨져 있고, 모양은 한국처럼 봉긋하지 않고 평평했다. 무덤의 크기는 한 평 남짓하다. 저마다 다른 삶을 살았을 테지만 대부분 같은 크기의 무덤에 묻혔다.

어떤 무덤에는 꽃과 사진과 편지들이 놓여 있었다. 아마 가족과 친구들이 많았던 모양이다. 그들의 편지를 읽다가 괜히 찡해져 눈물이 났다. 어떤 무덤은 풀도 나지 않고 땅이 푹 꺼져 있다. 무덤들을 보면서 이 사람은 지옥에 갔을까, 천국에 갔을까 하는 생각들을 하면서 나와 하나님 사이에 벌어지는 일들에 대해 고민했다.

하나님은 나를 창조하셨고, 그 하나님을 믿으면 구원받아 천국에 간다. 이 단순한 사실 속에 어쩐지 나는 억지로 끼어 있는 듯했다.

모든 사람은 죽는다. 육신은 흙이 되어 사라질 것이고, 내 영은 아름다운 천국에 갈 것이다. 그러면 왜 나는 지금 죽지 않고 이 땅에 남겨져 고통을 겪으며 살아야 하는 것인가. 답을 찾고 싶었다. 진리에 대한 갈급함이 나를 괴롭혔다.

그러자 어느 순간부터는 어차피 죽어 없어질 이 땅에서의 삶 자체에 회의가 들기 시작했다. 그러던 중 로마서를 읽다가 드디어 나를 흥분시킨 구절을 만났다.

모든 사람이 죄를 범하였으매 하나님의 영광에 이르지 못하더니(롬 3:23).

내가 죄인이란 말인가? 대체 내가 무슨 죄를 지었단 말이지? 내가 지금까지 받았던 모든 고통이 나의 죄 때문이었다고? 하나님의 영광에 이르지 못하는 이유가 나의 죄 때문이란 말인가? 그렇다면 내 죄는 무엇인가?

예수님이 내 죄 때문에 십자가에 못 박히셨다는 말씀은 수도 없이 많이 들었지만 그 의미를 정확히 알지는 못했다. 나는 항상 피해자였고, 예수님을 십자가에 못 박은 사람은 내가 아니라 나를 고통스럽게 한 사람들이었다. 설교 시간에 목사님이 "우리는 모두 죄인입니다" 하고 말할 때마다 '내가 아니라 그들이지'라고 생각하며 내 원수들을 떠올렸다.

그런데 모든 사람이 죄인이라니. 나도 역시 죄인이라니. 이게 무슨 말인가.

나는 내 죄가 뭔지 몰랐다. 아무리 생각해도 내가 무슨 죄를 지었는지 알 수 없었다.

성경 구절이 이렇게 가슴을 후벼 파고 떨리게 하는 것은 처음이었다. 괴로웠다. 내가 무슨 죄를 지었는지 도무지 알 수 없었기 때문에 더 괴로웠다. 아담과 하와가 지은 죄는 나와 전혀 상관이 없었다. 그들은 나에게 피해를 준 무지한 첫 조상일 뿐이다. 왜 그런 죄를 지어서 우리를 이렇게 하나님으로부터 분리시켰는가 말이다.

그런데 이 구절이 계속해서 내 마음을 두드렸다.

"모든 사람이 죄를 범하였으매."

"나는 죄인이다."

한 번도 생각해보지 않았던 나의 죄.

시간이 지나자 무언가 조금씩 잡히는 것 같았다. 아마도 나는 곧 여기서 내 삶의 의미를 찾을 수 있을 것 같다.

기도했다. 그리고 주님께 간구했다.

"주님, 저의 죄가 무엇인지 알려주세요. 저는 잘못한 게 없어요.

저의 죄가 뭐죠?"

내 죄는 교만이었다. 그동안 하나님을 잊고 살았던 그 모든 시간이 교만이고 죄였다.

나는 하나님 앞에서 못 하는 게 없었다. 돈도 열심히 벌었고 나쁜 짓도 하지 않았다. 내가 가진 재능으로 다른 사람들을 잘 도와주었고, 어디에서든지 예의에 어긋나는 행동은 하지 않았다. 남에게 피해를 준 일도 없다. 오히려 나는 항상 나쁜 사람들에게 당하고 살았다. 그래서 나는 늘 당당했다.

무엇보다도 예수님은 내 인생에서 그리 중요하지 않은 존재였다. 나 때문에 내가 겪은 모든 고통보다 훨씬 더 큰 고통을 예수님이 감당하셨는데도 말이다. 하나님은 그저 내가 필요할 때 의지하는 대상이었을 뿐 그분이 날 위해 무엇을 하셨는지는 그리 중요하지 않았다. 나는 언제나 그분을 원망하며 살았고, 하나님과 반대되는 마음을 가지고 살았으면서 그것을 전혀 죄로 여기지 않았다. 죽음 이후의 세계가 분명히 존재하고 나를 창조하신 분이 계시다는 사실을 망각하며 살았던 모든 시간이 죄였다. 아니 나란 존재 자체가 죄 덩어리였다.

사람들은 나를 좋은 사람, 신실한 사람, 정의로운 사람이라고 칭찬하며 추켜세웠지만 하나님 앞에서 나는 교만한 죄인에 불과했다.

내 고통만 생각했지, 나 때문에 예수님이 고통스러워하고 계시다는 사실은 전혀 알지 못했다. 애초부터 나는 예수님의 일에는 관심이 없었다. 내 문제의 해결에만 온 촉각을 곤두세울 뿐이었다.

불신. 그것이 내 죄였다.

나의 딸아 용서해라

나는 내 죄 때문에 괴로워서 펑펑 울면서 기도했다. 그러자 지나간 모든 일이 파노라마처럼 눈앞을 스쳤다.

일곱 살 때 길거리에서 세 명의 아저씨들이 내 옷을 벗기고 내 몸을 만지던 일, 중학생 때 담임선생이 성희롱하고 스토킹했던 일, 고등학생 때 같은 반 남자아이에게 강간당했던 일, 인신매매단에 잡혀 마약에 중독되었던 일, 첫사랑의 배신, 쓰레기통에서 음식을 주워 먹던 시절, 자살 시도, 남편의 폭력, 시누이의 괴롭힘, 교통사고, 그리고 천국을 다녀왔던 일.

"주여, 주여!"

한 번 시작된 절규는 쉽게 멈추어지지 않았다.

그러다가 화면을 되돌리기라도 한 것처럼 처음 장면으로 다시 돌아갔다.

일곱 살 때 괴롭힘을 당하던 여자아이의 모습은 예수님이었다. 중학생 때 담임선생에게 희롱당하고 옥상에서 울고 있던 아이도 예수님이었다. 같은 반 아이에게 강간당하고 비참한 모습으로 쫓겨나 거리를 헤매던 아이도 예수님이었다. 인신매매단에 잡혀서 두려움 가운데 절규하면서도 소리 내어 울지 못하고 강제로 마약 주사를 맞았던 여자아이도 바로 예수님이었다. 첫사랑의 배신으로 피투성이가 되도록 두들겨 맞고 있는 여자도 예수님이었다. 과자를 훔쳐 먹다가 주인에게 잡혀서 얻어맞고 눈물을 흘리던 여자, 쓰레기통을 뒤지며 음식을 주워 먹는 여자, 외로움과 슬픔에 눈물짓던 여자도 모두 예수님이었다.

그 모든 고통을 당하고 있는 사람은 내가 아니라 예수님이었다.

"안 돼요. 주님!"

예수님이 고통당하시는 모습을 바라보며 어린아이처럼 울었다. 그리고 내 기도는 바뀌었다.

"주님, 저의 죄를 용서해주세요."

그제야 아주 오랫동안 잊고 있었던 '동이'의 해맑은 미소가 떠올랐다. 동이의 환한 미소가 나를 위로하는 듯했다.

그동안 나는 하나님을 몰랐다. 나만 고통받았다는 생각에 아무도 용서하지 않았다. 그래서 하나님이 아닌 다른 것들만 바라보며 살았다. 그 모든 시간이 죄였고, 그 사실을 깨닫자 가슴이 갈기갈기 찢어지는 것 같았다.

"용서해야 한다. 용서해야 한다. 내가 너의 고통과 함께 했었노라. 내가 너를 용서했노라. 그러니 너도 용서해야 한다. 저들을 용서해야 한다."

내 안 깊은 곳에서 터져 나오는 소리였다.

"용서해야 한다. 나의 딸아 용서해라. 너는 나를 외면하고 세상의 것에 눈을 돌려 내게서 돌아섰지만 나는 너를 용서했다. 그러니 너도 저들을 용서해라. 그리고 나와 함께 본 그 천국에서 함께 살자꾸나."

한참의 시간이 지나야 했지만 결국 오랜 기도 끝에 그들을 용서할 수 있었다. 죽음 앞에서는 용서하지 못할 사람이 없었고 사랑하지 못할 사람이 없었다. 내 안에 계신 성령께서 용서할 수 있는 마음을 주신 것이다.

그들을 용서하지 못하고 있었던 것들, 내가 잘하고 있다고 생각했던 것들, 착하게 살고 있다고 생각했던 것들, 내가 스스로 바르다 여겼던 것들, 내가 열심히 하는 것들, 내가, 내가, 내가.

이 모든 생각이 나와 하나님 사이를 가로막는 큰 벽이었음을 깨닫게 해주신 것이다. 주님은 그분의 은혜와 하나님 나라에만 소망이 있음을 깨닫게 하셨다. 그동안 주님은 우리 사이에 놓인 죄라는 큰 벽 때문에 나에게 알려주실 수 없었던 것이다. 아니 알려주셔도 내가 깨달을 수 없었기에 지금까지 안타까워하며 기다리셨던 것이다.

> 그러므로 예수께서 이르시되 하나님의 나라가 무엇과 같을까 내가 무엇으로 비교할까 마치 사람이 자기 채소밭에 갖다 심은 겨자씨 한 알 같으니 자라 나무가 되어 공중의 새들이 그 가지에 깃들였느니라 또 이르시되 내가 하나님의 나라를 무엇으로 비교할까 마치 여자가 가루 서 말 속에 갖다 넣어 전부 부풀게 한 누룩과 같으니라 하셨더라(눅 13:18-21).

주님은 내가 고통받을 때에도 너무도 지극한 사랑과 안타까움으로 나에게 하나님 나라를 알려주시기를 고민하셨다. 주님은 나를 버리신 게 아니었다. 알려주셔도 내가 깨달을 수 없었다. 주님은 그 시간을 기다리셨다. 내가 그분의 말씀을 깨우칠 수 있을 때까지.

대신 예수님은 나의 모든 고통을 직접 당하셨다. 십자가에 못 박히고 찢기고 찔리고 침 뱉음 당하고 세상으로부터 온갖 조롱을 다

당하시면서 내가 용서하지 못하는 죄, 내가 교만해져 예수님의 사랑을 잊고 있었던 그 모든 죄까지 나 대신 짊어지시고 십자가에서 죽임당하셨다. 내 원수들이 지은 죄까지도 말이다.

내가 지은 죄는 사형에 해당했고, 주님은 나 대신 그 죗값을 받으신 나의 아버지이셨다.

주님, 천국에서 뵙겠습니다

나는 내가 예수 그리스도로 인하여 새 사람이 되었다는 사실이 자랑스러웠다. 성경은 내 입에 꿀처럼 달콤했다. 말씀이 너무 달아서 성경책을 통째로 입에 넣고 싶을 정도였다.

누구든 만나기만 하면 복음을 전했다.

"하나님 믿으세요?"

이 좋은 소식을 어떻게 나만 알고 있을 수 있단 말인가. 내가 하는 모든 일을 통해 하나님이 영광받으시리라는 사실을 알게 되자 내 안에서 복음을 전하고 싶은 갈망이 불타올랐다. 복음을 전하지 못하면 답답했다.

주님은 또한 내가 겪은 모든 고통에서 결국 승리하게 하심으로 하나님의 살아 계심을 증거하신다는 사실을 알게 하셨다. 하나님이 고통 속에서도 나와 함께하신다는 사실에 감사와 찬양이 터져 나왔다. 이 기쁨은 하나님이 주신 선물이었다.

사업이 계속해서 번창했지만 이전처럼 물질에 대한 욕심은 없었다. 이것이 내 것이 아님을 알았기 때문이다. 주시는 분도 하나님 이시고 가져가시는 분도 하나님이시다. 나는 이제 모든 것을 누리며 기쁨으로 그분을 찬양할 수 있다.

아침에 출근하면 기도하고 하루 일과를 시작한다. 업무차 미팅을 해도 일 얘기 전에 복음을 먼저 소개했다. 내가 하는 모든 일이 주님께 영광이 되기를 소망했다. 그런 삶이 너무나 기쁘고 행복했다. 내가 어디서 무엇을 하든 하나님은 나와 함께하시고 모든 것을 가능하게 해주실 것이다. 내가 원하는 것이 이루어지지 않더라도 믿음이 있었기에 마음이 평안했다.

회심하고 3년 동안 나는 평안하게 살았다. 남편은 아직도 물질로는 전혀 도움이 되지 않는 사람이었지만 주님은 나 혼자 버는 돈으로도 충분히 생활할 수 있도록 이끌어주셨다.

하지만 또 다른 시련이 찾아왔다.

자궁암에 걸린 것이다. 암이라는 말을 듣는 순간 머리끝부터 발끝까지 전율이 일었다. 죽음에 대해서는 늘 각오가 되어 있었지만 서른 살에 암에 걸릴 줄은 몰랐다. 하지만 두려움은 없었다.

"주님, 주님께서 주시는 고통이 아닌 줄 압니다. 제가 이 병과 싸워서 이길 수 있게 해주실 것을 믿습니다."

다행히 조직검사 결과는 초기로 밝혀졌다.

당시 나는 남편과 1, 2층에서 따로 남남처럼 살면서 대화도 하지 않았었다. 그날은 부득이하게 내가 먼저 말을 걸어야 했다.

"내가 암이래. 수술을 받으러 가야 해. 만약을 대비해줘. 제발 술 좀 끊고 아이들을 돌봐줘."

"너 생명보험 들어놨어? 돈을 주고 가야지. 그냥 애들을 책임지라면 어쩌란 말이야? 보험 있지?"

미소가 만연한 얼굴에 기대하는 표정이 역력하다.

성령님은 나의 마음을 바꿔주시고 그것을 통해 환경까지도 바꾸어주시는 분이시다. 예전 같으면 싸웠을 텐데 그날은 남편이 한없이 가엾게만 느껴졌다.

"제발 하나님께 회개하길 바라. 그럴 마음이 없다면 당신 자식들을 위해서라도 술은 좀 끊었으면 좋겠어."

남편은 들은 척도 하지 않고 나를 조롱했다.

"야! 하나님이 있는데 네가 왜 만날 아프고 사고가 나는데? 심장병은 뭐고 거기다 암까지? 웃기는 소리하지 마. 너 같은 사람들 때문에 교회가 욕을 먹는 거야."

남편에게 내가 할 수 있는 일은 아무것도 없었다. 아이들을 안심
시켜야 했다.

"엄마가 몸이 아파서 병원에 다녀와야 해. 토니, 너는 이 집에 장
남이니 동생을 네가 책임져야 한다. 동생을 잘 돌보아줘. 엄마 다
녀올게."

직접 운전을 해서 수술을 받으러 갔다. 보호자가 필요했지만 역
시나 남편은 일 때문에 같이 가줄 수 없다고 했다. 병원에서는 암
수술을 받기 위해 혼자 온 환자가 처음이었는지 황당해했다.

"가족이 없습니까? 친구도 없어요?"

"네. 와줄 수 있는 사람이 아무도 없어요. 수술해주세요. 서류에
는 제가 사인하겠습니다."

의사는 당황했지만 일단 수술을 하기로 결정했는지 더는 묻지
않았다.

"주님, 저는 걱정하지 않습니다. 주님이 저와 함께해주심을 믿습
니다. 여기까지가 이 땅에서의 삶의 끝이라면 주님, 천국에서 뵙겠
습니다. 제가 없더라도 부디 저희 가족을 구원해주세요."

눈물은 났지만 슬프지는 않았다. 담담했다.

수술하다 사망할 경우 모든 장기를 기증하겠다는 서명을 하고

수술실에 들어갔다. 수술은 성공적이었다. 회복실에서 눈을 뜨니 남편과 아이들이 와 있었다. 알고 보니 병원에서 (남편보다 계급이 높은 의사가) 남편에게 전화를 해서 당장 오지 않으면 군대에서 받은 모든 계급을 박탈하고 영창에 집어넣겠다고 엄포를 놓았던 것이다. 의사의 눈치를 보면서 한껏 위축되어 병실 구석에 초라하게 앉아 있는 남편의 모습이 가엾고 불쌍했다. 성령께서 내게 그 사람을 긍휼히 여기는 마음을 주신 것이다.

신문사 발행인이 되다

2000년, 광고 회사를 운영하면서 그 지역에서 가장 유력한 주간지를 발간하는 신문사로 일터를 옮겼을 때였다.

대표가 다른 사업을 준비하면서 신문사를 넘겨야 하는데 내가 맡아주었으면 좋겠다고 제의를 해왔다. 이제 겨우 서른 살밖에 안 된 내가 이 지역에서 가장 유명한 신문사의 대표가 된다는 것은 아무리 생각해도 무리가 있어 보였다. 극구 사양했지만, 대표는 완강했다. 그는 내가 아닌 다른 사람에게는 절대 신문사를 넘길 수 없다고 했다. 대표는 그 정도로 나를 깊이 신뢰했다. 끈질긴 설득 끝에 결국에는 그것을 주님의 뜻으로 생각하고 신문사를 인수하게 되었다.

신문사 발행인 취임을 일주일 앞두고 자궁암 수술을 했기 때문에 제대로 걷기 힘들 정도로 몸 상태가 좋지 않았다. 상황이 상황인지라 인수일을 조금 뒤로 미룰 수도 있었지만 약속을 지키기 위해 그렇게 하지 않고 정한 날짜에 신문사를 인수했다.

하지만 직원들의 생각은 나와 달랐다. 어린 여자 밑에서 일할 수 없다며 모든 직원이 사표를 내고 회사를 나가버렸다. 텅 빈 사무실에 홀로 앉아 아픈 배를 움켜쥐고 기도했다.

"주님…, 이 회사에 저 혼자 있습니다. 4일 안에 신문을 만들어서 발행을 해야 합니다. 주님 도와주세요."

하혈이 심했다. 최소한 두 달은 누워서 안정을 취해야 했는데, 수술한 지 일주일 만에 출근을 해버렸으니 오죽할까. 도저히 의자에 앉아 있을 수 없어서 바닥으로 내려와 앉았다. 컴퓨터와 프린터, 편집보드를 사무실 바닥에 간신히 내려놓고 엎드려서 기사와 광고들을 쓰고 편집했다. 내가 죽더라도 마지막 날까지 내게 맡겨진 일을 감당해야 한다는 마음 때문이었다. 신문을 만드는 일은 내 사명이었다. 이 신문을 통해 복음을 전해야 한다는 생각에 두렵지도 않았다. 무엇보다도 한 주도 빼놓지 않고 신문을 발행하겠다는 구독자들과의 약속을 지켜야 했다. 또한 나에게 맡겨진 일을 반드시 해내고 싶었다. 남들에게 특히, 내가 사장이 되자 회사를 나가버린 사람들에게 나도 할 수 있다는 것을 보여주고 싶었다.

차가운 바닥에 엎드려 타자를 치고 있는 모습이 신문사를 인수한 첫날 풍경이었다. 혼자서 64면에 들어갈 기사를 쓰고 편집하는 일이 가능할지에 대한 막막함은 있었지만 주님이 함께하실 것을 믿었다.

그러다가 계속되는 하혈에 정신을 잃고 사무실 바닥에 쓰러져버렸다.

"여보세요! 여보세요! 눈 좀 떠보세요!"

어디선가 낯선 여자의 목소리가 들렸다. 기자 모집 광고를 보고 온 사람이었다. 면접을 보러 왔다가 아무도 없는 사무실에 젊은 여자가 쓰러져 있으니 얼마나 놀랐을까.

"어디 아프세요? 여기 사장님이세요?"

아무 말도 못 하고 그녀의 손을 덥석 잡았다.

"저기요. 죄송한데 지금 너무 급해서 그러니 일단 저를 좀 도와주시면 안 될까요?"

그랬더니 이 여자가 낮은 음성을 뱉었다.

"주여!"

그리스도인이다! 하나님이 보내주신 천사였다.

우리는 나흘 동안이나 집에 가지 못하고 밤을 새우며 신문을 만들었다. 제 날짜에 신문을 발행하고 나는 다시 병원에 들어갔다. 의사는 항암 치료를 권유했지만 하지 않겠다고 했다. 주님께서 반드시 낫게 해주실 거라는 확신이 있었다.

신문이 발행되고 처음 6개월간은 나에 대한 온갖 나쁜 소문들이 돌았다. 내가 전 대표와 바람이 난 것을 눈치 챈 대표의 부인이 헤어지는 조건으로 신문사를 준 것이라는 둥, 돈 많은 미국인을 꼬셔서 그 돈으로 신문사를 인수한 것이라는 둥 전혀 근거 없는 루머들이 한인 사회에 퍼졌다. 나는 누구의 말에도 흔들리지 않았다. 진실은 반드시 밝혀지는 법, 언젠가는 사람들이 진실을 알게 되고 내 실력을 인정해줄 날이 올 것이라고 믿었다. 나는 입을 닫고 일에만 전념했다. 매일 아침 예배를 드리는 것으로 업무를 시작했고, 주님께 드리는 마음으로 묵묵히 신문을 만들었다.

신문사는 점점 성장해갔고, 시간이 지나면서 이상한 소문은 점점 잠잠해졌다. 우리 신문은 다른 신문사에서는 쓰지 않는 기사들을 내보내면서 사회에 악영향을 끼치는 자들의 비리를 폭로하는 데 앞장섰다. 신문은 공신력을 더하기 시작했다.

사회에서 인정받자 나를 모함했던 사람들이 언제 그랬냐는 듯이 나를 찾아와 사과를 했다. 그들은 하나같이 절대 나를 욕한 적이 없고 누군가 하는 말을 들은 것뿐이라며 비겁한 변명들을 늘어놓았다. 자신을 잘 봐달라고 아부하는 사람도 많았다. 나를 핍박했던 사람들이 도리어 나와 가까워지려고 했다. 나에 대한 사람들의 부정적인 생각과 소문이 잠재워지고, 오히려 나와 적이 되었던 사람들이 돌아와 사과를 하는 것이다. 하나님의 섭리가 놀라웠다.

하루는 남자 직원 하나가 아침 예배시간에 눈물을 쏟으며 가족 이야기를 했다. 어머니가 폐암 말기라서 병원에 입원 중이신데 가족 중 아무도 어머니를 간호해줄 형편이 안 된다는 것이다. 물론 본인은 출근을 해야 병원비를 벌 수 있다. 하나님께서 내게 주시는 메시지였다.

"김 기자, 걱정 말고 일하세요! 어머니는 제가 돌볼게요."

그날부터 아침에 출근해서 예배와 편집회의를 마친 후 음식을 만들어서 병원을 찾았다. 사무실에 있는 시간보다 그분의 병간호를 하는 시간이 더 많았다. 그렇게 온종일 병간호를 해주고 집에 와서는 아이들을 돌보고 살림을 해야 했다. 약 6개월 정도를 그렇게 생활했다. 병간호에 열중하느라 회사 일에 제대로 전념할 수 없었음에도 불구하고 주님은 회사를 성장시켜주셨다.

하지만 김 기자 어머니의 병세는 호전될 기미가 보이지 않았고,

결국 숨을 거두었다. 그분은 신실했고, 건강을 잃기 전까지는 교회에서 권사님으로 봉사하셨다고 한다. 산소 호흡기를 꼽고 새근새근 잠만 주무시던 분이 임종이 가까워져 오자 갑자기 눈을 떴다.

"아! 천사들이 날 데리러 왔어."

어머니의 얼굴이 밝게 빛났다. 나를 한 번 바라보시고 아들의 얼굴을 한 번 바라보시더니 내 손을 꼭 잡으시고 그렇게 눈을 감았다. 지금도 그 손의 느낌을 기억한다.

그 병실에는 김 기자의 어머니 말고도 임종을 기다리는 환자들이 6명 정도 더 있었다. 놀라운 사실은 천국으로 가는 사람과 지옥으로 가는 사람의 마지막 모습이 너무도 확연하게 차이가 난다는 것이다. 어떤 할아버지는 임종 순간에 무엇을 봤는지 벌벌 떨면서 고통스러워하다가 눈을 감았다. 그분의 마지막 모습은 비명을 지르는 것 같은 끔찍한 얼굴이었다. 두 분이 정말 천국과 지옥으로 나뉘어서 갔는지는 알 수 없지만 두 분의 마지막 모습은 완전히 달랐다. 빛을 보고 숨을 거둔 사람과 어둠을 보고 숨을 거둔 사람의 차이였다.

다시 한 번 이 땅에 사는 동안 우리가 믿음 안에서 정말 신실하게 주님을 섬기며 살아야 함을 느꼈다.

회사는 계속해서 번창했다. 매일이 예배드리는 삶, 기도하는 삶,

복음을 전하는 삶이었다. 양심에 감동을 주시는 대로 순종하려고 노력했다. 아무것도, 누구도 부럽지 않았다. 내 안에는 기쁨이 넘쳤고 가정환경도 점차 변화되어갔다. 내 스스로 노력한 것은 아무것도 없었다.

내가 예배를 드리는 동안 주님은 나의 모든 형편을 돌보아주셨다. 회사의 모든 직원이 예수님을 믿고 교회에 나갔는데, 자신들에게서 그치지 않고 그들의 가족들까지 하나님을 믿게 되었다. 이것은 내 사업이 번창하는 것보다 더 큰 기쁨을 주었다.

무엇을 하든 주님 앞에서 신실하려고 애썼고, 그럴수록 회사는 주님이 이끌어가고 계시는 것 같았다.

사탄은 그런 나를 쓰러뜨리고 싶었던 것일까. 자궁암 수술을 받고 2년이 지났는데, 대장으로 암이 전이되어 다시 수술을 받아야 했다. 감사하게도 이번에도 초기에 발견되어 나는 또 한 번 살아날 수 있었다. 한 번도 항암 치료를 하지 않았지만 10년이 지난 지금도 내 몸의 암 세포는 문제를 일으키지 않고 있다.

도망간 중국 여인

한인 슈퍼에 간 김에 신문을 갖다 놓으려 주차장에 차를 대고 빌딩 안으로 걸어 들어가는데, 내 몸이 하늘로 붕 떠올랐다가 바닥으로 떨어졌다.

자동차가 나를 친 것이다. 이전에도 두 차례의 대형 사고와 네 차례의 자동차 사고가 있었는데, 모두 차만 망가지고 나는 괜찮았다. 그런데 이번에는 달랐다. 4륜 구동 자동차가 내 왼쪽 허리를 세게 쳤고, 내 몸은 공중으로 한 번 날았다가 아스팔트 바닥에 떨어지면서 모든 뼈마디가 흐트러졌다. 병원에서는 내가 아무 데도 부러지지 않고, 특히 뇌를 다치지 않은 것이 기적이라고 했다.

나는 알고 있었다. 하나님이 나를 보호해주셨음을.

그 사고로 나는 4개월 동안이나 침대에서 일어날 수 없었고, 잠을 이룰 수 없을 정도로 강한 통증에 시달려야 했다. 운전자는 나를 친 줄도 모르고 그냥 가려고 했다. 그 와중에 신호에 걸리자 운전자는 잠시 멈춰서 신호까지 지켰다. 나는 바닥에 쓰러져 누워 있으면서도 자동차 번호판을 외웠다. 겨우겨우 회사 직원에게 전화를 걸어 번호를 무조건 받아 적으라고 했다. 순간적으로 기자 정신이 발동한 것이다.

곧 구급차와 소방차, 경찰차들이 출동했다.

경찰은 어느새 사고 차량의 운전자를 붙잡아왔다. 운전자는 중국 여자였고, 뒷자리에 탄 아기가 울어서 돌아보다 사고가 났는데, 자신은 사고가 난 줄도 몰랐다는 것이었다. 경찰은 운전자를 뺑소니로 구속해야 하니 영장에 사인을 하라고 했다. 고의가 아닌 사고였고, 보채는 아이를 돌보다 난 사고라는 게 마음에 걸렸다.

"제가 사인하면 이 여자는 어떻게 되는데요?"

"형사 입건되어 감옥에 가지요."

"그럼 그 여자의 아이들은요?"

"돌봐줄 사람이 없으면 정부에서 운영하는 시설로 옮겨져요."

그 여자가 뺑소니범이기 전에 아이를 키우는 엄마라는 사실이 나를 주저하게 했다.

"그냥 놔두세요."

"지금 사인하지 않으면 소송에서 이길 수 없어요. 병원비를 비롯한 추후 보상도 제대로 받지 못할 수 있어요. 어서 사인하세요. 뺑소니는 범죄예요!"

미국 사회에서 뺑소니는 중범죄로 형량도 높았다. 하지만 성령께서는 그것을 완강히 거부하게 하셨다.

이 여자를 고소한다고 해서 내 통증이 사라질 것도 아니고, 같이 아이를 키우는 엄마로서 그녀의 사정이 헤아려졌기 때문에 그녀를 감옥에 보낼 수가 없었다. 구급차에 누워서 경찰들의 조사가 끝나기를 기다리는데 경찰이 그녀를 데리고 왔다. 여자는 울면서 용서를 구했다. 나는 그녀를 위로해주며 안아주었다.

"혹시 하나님을 믿으세요?"

그녀는 자신은 중국인이고 부처님을 믿는다고 했다.

"내가 당신을 고소하지 않은 것은 내가 착해서가 아닙니다. 나는 지금 당신에게 화가 많이 나 있어요. 하지만 내가 아닌 하나님께서 당신을 사랑하셔서 용서해주신 겁니다. 하나님을 믿으세요."

여자는 놀란 눈으로 연신 감사하다는 인사를 했다.

내가 끝까지 운전자를 고소하지 않자 경찰들과 소방관들, 간호사들은 어떻게 그럴 수 있냐며 무척 놀라워했다.

"당신을 보니 하나님이 실제로 계심이 느껴집니다."

"그동안 교회에 나가지 않았는데, 이제 다시 교회를 가볼까 하는 생각이 드는군요."

통증은 밤이 되면 더 심해졌다. 화장실도 혼자 갈 수 없었고, 누워서 전신에 뻗어 있는 뼈 마디마디의 통증을 곱씹으며 전쟁을 치러야 했다. 물리치료를 받으면서부터는 차차 걸을 수 있게 되었지만, 그때의 사고로 지금까지도 전신의 뼈마디에 통증이 있다. 매

순간 고통과 함께 살아야 하지만 나는 아직도 그녀를 고소하지 않게 하신 주님께 감사하고 있다.

하나님은 나에게 고통을 주시지만 동시에 감당할 수 없는 기쁨도 함께 주신다. 나를 통해 하나님 앞으로 돌아온 사람들이 떠오를 때마다 나는 감사한다. 사탄은 나를 끝까지 넘어뜨리려 했지만 성령님은 주께 돌아오는 영혼들을 만나는 기쁨을 누리게 하시어 나의 탄식을 노래로 바꿔주셨다.

> 나의 힘이 되신 여호와여 내가 주를 사랑하나이다 여호와는 나의 반석이시요 나의 요새시요 나를 건지시는 이시요 나의 하나님이시요 내가 그 안에 피할 나의 바위시요 나의 방패시요 나의 구원의 뿔이시요 나의 산성이시로다(시 18:1-2).

우리 주님은 다윗의 찬양이 바로 나의 것이 되게 하셨다.

나를 괴롭히는 끊임없는 사고들, 내 믿음을 포기시키려는 사탄의 계략들, 그럼에도 불구하고 주님은 나의 방패가 되어주셨다. 성령으로 내게 임하셔서 어떠한 고통 속에서도 주님을 찬양하는 마음을 주시며, 나의 고통으로 하나님의 영광을 드러내신 것이다.

할렐루야. 모든 영광을 주님께!

교만, 죄의 뿌리

종교 생활에 심취하다

　광고 사업으로 돈을 벌어 신문사를 인수하고, 한국 여성으로는
최초로 ABC 방송국,「워싱턴 포스트」등에서 일하던 미국 전문 기
자들을 고용해서 미국 정치인들이 읽는 아시아의 정치, 경제 뉴스
를 다루는 신문을 발간했다. 신문사의 재정을 충당하기 위해 건축
사업도 시작했는데, 놀라운 것은 전에 한 번도 전문적으로 배운 적
이 없었던 일들을 쉽게 터득할 수 있었다는 것이다. 광고 회사의
마케팅, 그래픽 디자인, 신문 기사를 쓰고 편집하는 일, 건축 회사
의 설계도면을 읽어내고 시공하며, 시에서 건축 허가를 받는 일까
지 하나님께서는 놀라우리만큼 많은 지혜를 부어주셨다. 하나님이
성실한 사람을 도우신다는 사실을 알 수 있었던 시기였다.

　광고 기획 회사, 신문사 2개, 인테리어 디자인, 건축 회사 등의 대표와 뉴욕패션쇼 인터내셔널 마케팅 디렉터에 이르기까지 나는 세상 사람들이 부러워할 만한 삶을 살고 있었다.

세상 성공에 다가가면 다가갈수록 하나님과는 점점 멀어져만 갔다. 성경책은 책장에 꽂혀 있는 장식품이 되어갔다. 그때 나는 내가 굉장한 믿음의 사람인 줄 알았다. 왜냐하면 나는 천국을 경험했고, 하나님의 존재와 천국의 실재를 분명히 알았기 때문이다.

다만 천국은 나중에 내가 죽으면 가는 곳이라고 여겼다. 지금 당장은 이 땅에서 가족을 돌봐야 하고, 또 내가 가장 하고 싶은 일, 곧 원수들에게 복수하기 위해서는 반드시 성공해야 했다. 그들을 내 손으로 잡아 벌을 주는 것이 다른 선량한 사람들을 위해서도 좋은 일이라 생각했다. 그것이 선이라 믿었다. 하나님의 사람이라면 마땅히 해야 할 일이며 그것이야말로 하나님을 돕는 길이라 생각했다.

위기 때마다 나를 구해주시는 하나님을 그저 나를 돕는 슈퍼맨 정도로만 여겼다. 그리고 하나님은 그렇게 내가 세상에서 성공하게 내버려두셨다.

나는 항상 이렇게 기도했다.

"하나님, 저를 이 땅에 다시 보내신 이유가 돈을 많이 벌어서 저처럼 어려운 사람들을 도와주고 그들에게 천국이 있다고 말하라는 뜻이시죠? 네. 순종하겠습니다. 그러니 돈을 많이 벌게 해주세요. 그러면 그 돈으로 교회도 짓고, 선교비도 많이 보내고, 고아원도 차릴게요. 그리고 약한 사람들을 괴롭히는 나쁜 사람들은 제가 다 잡아넣을게요. 연약한 사람들을 도와주는 일은 주님께서 원하시는 일이잖아요!"

돈을 사랑함이 일만 악의 뿌리가 되나니 이것을 탐내는 자들은 미혹을 받아 믿음에서 떠나 많은 근심으로써 자기를 찔렀도다(딤전 6:10).

지금까지 죽었다 살아나기를 몇 번이나 반복했는가. 극한 상황마다 주님이 도와주시지 않았는가. 천국이 있다는 것도 보고 오지 않았는가. 하지만 모두 그때뿐이었다. 마치 출산의 고통을 잊고 또다시 임산부가 되는 것처럼 나는 어느새 하나님의 살아 계심을 잊고 하나님이 없는 것처럼 살아갔다. 그렇게 잊히기 쉬운 것이 '기적 체험'이다. 그 어떤 기적도 나 자신을 변화시키거나 거듭나게 하지는 못했다.

예수님의 가장 최측근이었던 베드로가 예수님을 세 번이나 부인했던 모습을 생각해보라. 그 모습이 바로 나였다. 베드로가 얼마나 많은 예수님의 기적을 보았는가. 인간은 기적이 자기 육신의 안락을 유지해주는 일과 상관이 없으면 믿음에서도 돌아설 수 있다. 육신이 원하는 것을 외면하지 못하는 나는 얼마나 추악하고도 뻔뻔한 죄인인가.

육신의 문제가 가장 악하다는 생각은 천국 경험 이후 많은 기적들을 체험하고서도 한참이 지난 마흔 중반의 나이가 되어서야 비로소 조금씩 깨닫게 된다.

다만 천국 경험 이후로는 예전처럼 고통 때문에 쉽게 생명을 포기하려는 마음은 사라졌다. 오히려 더 열심히 살아서 이 모든 고통에서 벗어나야겠다는 의지가 생겼다. 그때는 내게 그런 의지가 절실했다.

스물일곱이 되던 해부터는 내가 번 돈으로 고급 차를 타고, 비싼 가구로 집안을 장식하고, 명품 옷도 입을 수 있었다. 내가 갖고 싶은 것은 뭐든 살 수 있을 만큼 벌었다. 매일 부자들의 파티에 초대받아 한껏 멋을 부리고 나가 화려한 생활을 마음껏 즐겼다. 큰 집도 구했고 아이들이 행복해하는 모습을 보면서 스스로 너무 흡족했다.

사회에서 인정을 받으면서 내 삶도 (물질적인 면에서) 점차 자리를 잡아갔다. 미국에 처음 왔을 때 시어머니께 진 빚도 모두 갚아드릴 수 있었다. 이제야 비로소 정상적인 생활을 하는 것 같다는 생각에 정말 뿌듯했다.

사업에 성공하면서부터는 의식적으로 과거의 일을 생각하지 않으려 했고, 교회는 내가 나가는 많은 친교 모임 중 하나가 되었다. 교회라는 종교로 사회 생활을 한 것이다. 사람들에게 인정받으려고 교회를 다녔기 때문에 내가 피곤하지 않을 만큼만 나갔고, 헌금을 많이 해서 나의 게으른 신앙생활은 가리고 믿음 좋고 능력이 많은 사람으로 위장했다. 그래도 누군가 어려운 환경에 처했다고 하면 그들의 고통을 너무나 잘 알기에 쉽게 도움을 주곤 했다. 직원들 중 생활이 어려운 사람들의 집을 얻어주거나 생활비를 지원해주기도 했다. 그러자 사람들은 나를 칭찬했다. 교회에서도 사회에서도 모두 나를 좋은 사람이라고 인정해주자 점점 내가 정말 괜찮은 사람이라는 생각이 들기 시작했다.

이곳에서 처음 만난 한인 목사님 앞에서 부끄러워 핸들 밑으로 얼굴을 숨겼던 순진했던 나는 온데간데없이 사라졌다. 이제는 교회 안에서 인정받기 위해 거룩하게 나를 포장하는 법을 너무나 잘 알고 있었다. 많은 사람이 나를 부러워했다. 그들에게 나는 사회 생활도 잘하고, 교회 생활도 잘하는 아주 능력 있는 여성 사업가였다.

나를 부러워하는 사람이 많아질수록 나는 절대 과거를 들키지 말아야 한다는 강박관념에 사로잡혔다. 부끄러운 내 과거는 일부러 이야기하지 않으면 아무도 모를 것이다. 나는 그저 칭찬받고 부러움을 받는 멋진 사람으로 살면 된다.

"주님, 이렇게 축복해주셔서 감사합니다. 돈 벌어서 좋은 일에 쓰게 해주세요."

더는 고등학교 때처럼 어떤 조직에서도 무시받거나 놀림을 당하지 않을 것이다. 나는 늘 칭찬받는 일만 할 것이다. 교회에서 봉사할 일이 생기면 체면을 차리기 위해 일부러 더 열심히 했다. 누가 봐도 신실하고 부유한 그리스도인의 모습으로 나를 잘 가꾸었다. 마치 과거의 나에게 상처 준 모든 인간에게 강력 펀치를 한 방 날리는 기분이었다.

"봤지? 너희는 나를 쓰러뜨리려 했지만 난 이렇게 성공했어."

그런데 어느 날부턴가 밤마다 마귀가 나타나는 악몽에 시달렸다. 잠만 들면 가위눌리는 바람에 도저히 무서워서 잠을 잘 수 없었다. 마귀는 매일 밤 꿈속에 나타나 나를 괴롭혔다. 병원에 가도 우울증 약만 처방해줄 뿐 저승사자 같은 마귀는 쉽게 내 곁을 떠나지 않았다. 십자가와 성경책을 머리맡에 두고 잠을 청해도 마귀는 사라지지 않았다.

다급해지니 기도가 절로 나왔다. 새벽마다 통곡하며 기도했다. 아니 하나님께 항의하듯 기도했다.

"주님, 도대체 제가 뭘 잘못했나요? 제가 죄를 지은 것도 아니고 정정당당하게 제 힘으로 자립해서 성공했는데 그게 왜 잘못됐나요? 저는 억울한 일만 당하며 살았어요. 저는 나쁜 짓을 한 적도 없단 말이에요. 그런데 저는 왜 성공하면 안 되나요? 다른 사람들은 돈 벌면서도 잘 살잖아요. 왜 저는 안 되나요? 제가 어떻게 해서 여기까지 왔는지 주님이 더 잘 아시잖아요. 주님, 저를 불쌍히 여겨주시고 마귀를 제게서 떠나게 해주세요."

주님은 아무런 말씀이 없었다. 기도를 해도 어떤 감동도 없었다.

어느 날은 밤중에 숨을 쉴 수 없어 눈을 떴는데 배 위에 마귀가 앉아서 무시무시한 얼굴로 나를 노려보면서 내 목을 조르고 있었다. 소리를 지르고 싶었지만 숨을 쉴 수 없었다. 이렇게 조금만 더 있다가는 죽을 것만 같았다. 벗어나려고 몸부림을 쳤다. 그랬더니 마귀는 십자가를 거꾸로 쥐고 내 얼굴을 향해 휘둘렀다. 비명을 지르며 자리에서 일어났는데 칼에 베인 것처럼 얼굴이 쓰라렸다. 혹시나 하고 거울을 본 순간 나는 너무 놀라 그 자리에서 기절할 뻔했다.

내 얼굴에 너무나도 선명하게 여러 개의 빨간 줄이 그어져 있었다. 온몸이 떨렸다. 너무 무서워서 그날부터 바로 새벽기도에 나가기 시작했다. 다행히 새벽기도를 나간 지 일주일 만에 마귀는 사라졌다. 그 이후로도 다시 나타나지 않았는데 어떻게 그런 일이 벌어졌는지는 아직까지도 잘 모르겠다.

하나님이 내게 벌을 내리시는 것은 아닌지 근심이 되었지만 이내 사그라졌다.

"하나님이 나에게 벌을 주시는 건가? 아니야. 하나님은 나에게 그러실 분이 아니야. 하나님은 내가 어려운 중에 믿음을 저버리지 않은 것에 대한 보상으로 나를 부자가 되게 해주셨어. 나는 그 돈으로 착한 일도 많이 하고 있잖아. 내가 심장이 안 좋고 피곤하니까 이런 일이 일어난 걸 거야."

나는 언제나 하나님의 마음을 내 멋대로 판단하고 내 생각에 맞춰 합리화시켰다.

이제 특별한 고통이나 사고도 일어나지 않았다. 모든 것이 회복된 것처럼 보였다. 나는 돈도 충분히 많았고, 사회적으로도 인정받는 사람이 되었다. 심장병 때문에 많이 달리거나 걸을 수 없고, 여러 차례의 사고로 인해 늘 뼈마디의 고통이 있었지만 사는 데 큰 불편함은 없었다.

하나님께서는 나를 모든 고통에서 벗어나게 해주시고, 이제는 나를 유명한 사람으로 만들어주시면서 물질까지 채워주시니 드디어 축복을 받는다고 생각했다. 하나님께 감사하는 마음으로 앞으로 주님의 일을 더욱더 열심히 해야겠다고 마음먹었다. 하나님께서는 그동안 내가 겪은 모든 고난에 대해 큰 보상을 해주시는 듯했다.

영적 교만에 빠지다

우리 신문은 불법을 저지르는 공인들을 비판하는 데 앞장섰다. 종교 코너를 만들어 목사님들의 설교를 싣는 것으로 복음을 전하는 일에도 일조했다. 나 스스로 그것을 내 사명으로 생각했고, 이 땅의 복음화에 내가 크게 쓰임 받고 있다고 믿었다.

대형교회의 비리, 목회자들의 부정, 기독교 방송의 불의 등을 폭로하는 제보가 봇물 터지듯 쏟아졌다. 교회의 각종 비리들을 폭로하면서 담임목사를 사기꾼으로 지칭하자 해당 교회의 교인들이 신문사로 찾아와서 강력히 항의했고, 나는 그들과 싸워야 했다. 그들은 각목을 들고 와 행패를 부렸고 그러면 그럴수록 나는 비판의 강도를 높였다.

언론은 사회의 목소리를 대변해야 하는 책임이 있다. 사회 정의와 진실을 위해서는 그 누구와도 타협하지 않는 것이 언론의 사명이기도 하다. 그러나 이것은 죄인들을 용서하시고, 사람을 정죄하지 말라는 십자가의 도와 교묘하게 충돌했다.

나는 이 둘 사이에서 고민했다. 원수를 사랑하라고 했는데, 비판하지 말라고 했는데, 나도 저들과 다를 바 없는 죄인인데 하면서도 내가 가진 직업이 비판하고 정죄하는 일이다 보니 마음이 불편했다. 여기에 하나님의 백성을 올바른 길로 인도해야 한다는 사명감까지 짐을 더했다.

무수한 갈등 끝에 주님께서 내게 신문사를 인수하게 하신 데에는 특별한 뜻이 있다고 여기고 계속해서 비판의 글을 실었다. 그러다 보니 종교 코너에는 교회와 목사님들의 도덕적인 문제에 대한 비판과 종말에 나타나는 징조 등 어두운 기사들로만 채워졌다. 또, 예수와 복음에 대한 묵상보다는 사탄을 물리쳐야 한다는 전투적인 기사들이 지면을 도배했다. 사탄의 일을 제대로 알아야 영적 싸움에서 승리할 수 있다는 생각도 있었지만 결과적으로는 종교인들의 흥밋거리만 찾아 소개한 셈이다.

오랫동안 이런 식의 기사들만 다루다 보니 자연스레 무엇이든 먼저 의심부터 하고 부정적으로 생각하는 버릇이 생겼다. 나는 그렇게 매일 썩은 물을 마시면서, 남들에게도 지속적으로 썩은 물을 공급하고 있었다. 복음은 기쁜 소식이다. 그러나 우리 신문의 종교 코너에는 기쁜 소식이 없었다.

사실 나는 내가 만드는 신문이 교회를 바꾸고 사회를 변화시킬 수 있을 줄 알았다. 아니 신문이 아니라 내가 그렇게 할 수 있는 특별한 사람이라고 생각했다.

제대로 된 말씀 훈련을 받지도 않았으면서 스스로 성숙한 그리스도인이라 여기며 누구든 가르치려 했다. 지금 와서 생각해보면 교회와 사역이라는 개념 자체를 오해하고 있었던 것 같다. 또 이것이야말로 하나님을 대적하는 지름길이었다는 사실을 시간이 한참 지나고 나서야 뼈저리게 느꼈다.

하나님은 우리에게 자유의지를 허락하셨지만 절대 주권, 즉 심판과 정죄할 수 있는 권한은 허락하지 않으셨다. 심판할 수 있는 권리는 하나님에게만 있다. 사람을 정죄하는 것은 예수님의 사랑, 즉 십자가의 도에 대적하는 행위다.

나는 기사를 통해 잘못된 현상을 바로잡는 데 애써야 했다. 그러나 그보다는 예수 그리스도의 자녀, 즉 인간을 정죄하는 일에 앞장섰다. 한 개인의 죄를 까발리고, 도덕적으로 완전하지 못한 것을 끄집어 모든 사람이 보는 앞에서 욕을 퍼부었다. 부도덕한 목회자와 교회 안에 있는 비리들을 폭로하는 것이 사탄에게 속아 넘어간 영혼들을 구출해내는 일이라고 생각했기 때문이다. 우리 신문에는 교회를 사랑하고, 교회의 아픔을 내 아픔으로 여기는 마음이 없었다. 그저 죄를 폭로해서 사람의 죄를 드러나게 하는 것에만 쾌감을 느꼈다. 성숙한 그리스도인이라는 허울을 쓰고 사명이라는 명목하에 교회와 사람들을 정죄하는 칼을 쥐고 휘두른 것이다. 작은 사건도 크게 이슈화해서 우리 신문이 얼마나 정의로운지를 드러냈다. 그럴수록 신문 구독률은 높아졌다.

> 내 허무한 날을 사는 동안 내가 그 모든 일을 살펴보았더니 자기의 의로움에도 불구하고 멸망하는 의인이 있고 자기의 악행에도 불구하고 장수하는 악인이 있으니 지나치게 의인이 되지도 말며 지나치게 지혜자도 되지 말라 어찌하여 스스로 패망하게 하겠느냐(전 7:15-16).

> 선을 행하고 전혀 죄를 범하지 아니하는 의인은 세상에 없기 때문이로다(전 7:20).

사실 난 이러한 일을 하면서 대리만족을 느끼고 있었다. 과거에 내게 악행을 저지른 사람들에 대한 복수심이 누구든지 남에게 악행을 저지르는 사람을 보면 내가 직접 처단해야 한다는 신념에 불타게 했다. 기사로 사람들을 정죄할 때마다 나는 진심으로 통쾌해하고 있었다. 내가 직접 칼자루를 쥐고 과거의 나에게 상처 준 모든 이들에게 대항하듯 신나게 휘두르고 있었던 것이다.

그것이 죄인 줄은 몰랐다. 어느새 나는 하나님의 자리에 앉아 있었다. 심판자의 자리에 앉아 나 자신을 하나님과 대치시켰다. 심지어 예배는 드리고 싶은데 교회는 나가기 싫다는 성도들에게 그냥 집에서 혼자 예배드리라고 권면해주기까지 했다. 성경적 판단은 내게 중요하지 않았다. 난 이미 다 알고 있다고 착각했다.

하나님의 백성에게 내 마음대로 교회에 나가지 않아도 된다는 망언을 하고, 그들로 하여금 예수 그리스도의 피와 살을 먹음으로 그분의 죽음을 기억하는 '성찬'에 참여하는 일까지 방해하고 나선 꼴이다.

그로부터 10년이란 세월이 지난 지금 어느 작가가 말한 것처럼 내가 저지른 짓과는 전혀 상관없이 교회는 원래의 모습을 유지하고 있다. 예수 그리스도의 십자가는 변함없이 온 우주 위에 우뚝 서 있다. 하나님께서는 크신 사랑으로 내 포악한 죄를 용서해주시는 은혜를 베풀어주셨다.

신령한 사람이 되다

당시 나는 기도 중에 환상을 자주 보았다. 하나님께서 내 영안을 열어주시고 예언의 은사를 주셨다고 믿고, 그때부터 기도하다 마귀가 보이는 것 같으면 즉시 귀신을 물리치는 축사 기도를 했다.

"사탄아 물러가라! 귀신아 물러가라!"

내 입술에서는 늘 공격적인 기도만 나왔고, 이것이야말로 주님께서 마지막 때에 나를 크게 쓰시려는 계획이라고 생각했다. 나는 주님의 거룩한 기도 용사였다.

그나마 이때만 해도 순수한 마음으로 사탄을 대적하는 기도를 했다. 이런 기도가 필요하지 않다는 얘기가 아니다. 우리는 모두 사탄을 대적하는 기도를 해야 한다. 하지만 그것이 하나님의 영광과 그리스도의 사랑을 나타내지 않는다면 그 기도는 올바른 기도가 아니다.

한 번은 아는 집사님이 신문사로 찾아왔다. 밤마다 귀신이 보여서 잠을 이룰 수 없어 힘들다는 것이었다. 하나님께서 내게 보내신 사람이라는 생각이 들었다. 이분의 머리에 손을 얹고 귀신을 물리치는 기도를 해주었다. 나는 죽음 이후의 세계도 보았고 특별한 영적 체험을 많이 했으니, 하나님께서는 나를 특별하게 사용하시려고 택하신 게 분명했다.

기도 중에 귀신의 모습이 연상이 된 것인지 아니면 환상이었는
지는 모르겠으나 눈을 감고 기도할 때마다 귀신의 모습이 보이는
것 같았다. 이제 정말 하나님께서 내게 축사와 예언의 은사를 주셨
다고 확신했다. 그러면서도 혹시라도 거짓 선지자 노릇을 하게 될
까 봐 기도를 해주고 난 후에는 반드시 말씀을 전했다.

그런데 일이 터졌다. 이분이 내게서 기도를 받은 후부터 정말 귀
신이 나타나지 않는다는 것이다. 그 사실이 소문나자 사무실로 기
도를 받으러 오는 사람들이 점점 늘어나기 시작했다.

그들은 나를 신령한 사람이라 여겼다. 사실 나도 나 자신을 그렇
게 생각했다. 사람들이 나를 신령하다고 봐주니 이것이 진짜 내 사
명인 것 같았다. 사람들의 시선은 나를 더욱 우쭐하게 만들어주었
다. 내가 지금까지 해온 모든 특별한 경험과 죽을 뻔했다가 다시
살아난 것들을 돌이켜보니 주님이 정말로 내게 은사를 주셨다는
생각이 들었다. 말세에는 성령께서 많은 이에게 은사를 주신다고

하셨으니 나 같은 평신도에게도 신령한 은사를 주시어 영혼을 살리는 데 쓰임 받게 하시려는 게 분명했다.

물론 평신도도 사역할 수 있다. 또 많은 은사를 나타낼 수도 있다. 은사는 목회자들에게만 주시는 것이 아니다. 지금 여기에서는 마음의 중심을 말하는 것이다. 어떤 마음과 목적으로 은사를 사용하느냐가 중요한데, 당시 내 기도의 중심에는 나만 있었다. 사람들 사이에서 높임 받는 달콤함에만 미혹되어 있었다. 예수님의 능력이 아니라 내 능력을 과시했을 뿐이었다.

나는 점점 교만해졌다. 어디선가 누군가에게 문제가 생기면 내가 꼭 기도해줘야 했고, 복음을 전해야 한다는 나만의 사명감과 그것들에 대한 자만심은 어느덧 하나님이 아니라 나를 높이고 있었다. 선한 척, 신령한 척하기 위해 물질로 그들을 도와주는 일도 많이 했다. 사람들이 나를 찾고 높여주는 것이 즐거웠다.

사람들에게 신령한 사람이라고 인정받는 것이 이렇게 기분 좋은 일인 줄 몰랐다. 사업을 하면서 상도 타고 돈도 벌고 세상에서 높임도 많이 받아봤지만 신령한 사람이라 칭함 받는 것보다 더 큰 즐거움은 없었다. 어쩌면 나는 어려운 이들을 위해 존재하는 평화의 사도가 아닌가 하는 착각이 들 정도였다.

사탄은 새로운 방법으로 나를 유혹하고 있었다.

때로는 아무것도 보이지 않으면서 신령한 척하려고 마음속에 떠오르는 대로 이것저것 예언해주고, 말씀을 인용해가면서 귀신을 쫓아주는 척했다. 그들이 내게 무엇을 보았냐고 물으면, 아무것도 보지 못했으면서 보이는 것처럼 말했다.

"네! 당신 안에 지금 귀신이 보입니다. 제가 쫓아드릴게요."

하지만 신기하게도 기도만 하면 그들을 괴롭히던 귀신이 정말 떠나갔고, 기도할수록 내 눈에는 너무나 선명하게 귀신이 보이기 시작했다. 정말로 영안이 열려버린 것이다. 사탄도 이 모든 것을 가능하게 하는 줄은 몰랐다. 아니 이런 종류의 일은 나와는 상관없을 것이라고 생각했다.

드디어 주님께서 내게 확실하게 역사하신다고 생각하고, 그때부터는 하나님께서 주신 사명이라는 확신을 가지고 서슴지 않고 기도했다. 요청할 경우 사람들의 집에 직접 찾아가서 기도해주었다. 내가 한 기도와 예언대로 이루어지는 일도 많았다. 예언이 이루어질 때의 쾌감이란! 이제 나는 정말 신이 되어버렸다.

나를 찾아오는 사람들은 대부분 교회도 열심히 다니는 사람들이었다. 하지만 어떤 문제가 생기면 목사님을 찾는 것이 아니라 나를 찾아왔다. 문제가 생기면 성경을 보는 대신에 나를 찾아왔다.

하고 싶지 않을 때도 있었지만, 내가 받은 사명에 순종하는 길이라는 생각에 때로는 억지로 했다. 사람들의 동경 어린 시선과 칭찬, 그리고 인정을 받는 일은 하나님보다도 더 중요했다. 사탄은 내게 여러 가지 기이한 일을 보여주며 나를 종으로 삼았다. 사탄을 대적하는 것이 아니라 오히려 사탄에게 조종당하고 있었던 것이다.

나의 열심은 점점 더 위험해졌다. 내 기도는 주로 방언이었고, 마치 염불을 외우는 것 같았다. 십자가 사랑은 잊은 지 오래다. 이 땅에는 타락한 교회가 너무 많았고, 사탄에게 붙들린 목회자들도 너무 많아 보였다. 마치 점쟁이처럼 그들을 붙들고 있는 사탄을 물리치는 기도에만 열을 올렸다. 잘못된 기도로 내 안에 있는 그리스도의 사랑은 질식되어가는 것도 모른 채 말이다.

기도를 받으러 오는 사람들 중에는 매일 내게 전화를 하는 이들도 있었다. 자신이 오늘 사탄의 공격 때문에 바깥에 나갈 수 없다며 일상에서 일어나는 시시콜콜한 모든 일을 사탄과 연관시켜 내게 상담을 요청해왔다. 그러면 나는 삶의 모든 순간이 마치 사탄의 공격에 노출되어 있는 것처럼 얘기해주며, 그들에게 예수님보다는 사탄의 존재를 심어주었다. 계속해서 신령한 사람으로 보이기 원했기 때문에 아무리 귀찮아도 거짓으로라도 권면을 해줘야 했다.

"오늘은 밖에 나가지 마세요."

"네! 다음 주에는 돈이 들어옵니다!"

복음을 전하는 것 같지만 그렇지 않았다. 모든 능력은 나에게서 나오고 있었다. 내가 무슨 수를 써서라도 이 사람이 하나님을 믿게 만들어야겠다는 착각 속에 빠져 살았다. 나는 내가 하나님을 돕고 있다고 생각했다.

사람들이 조금만 나쁜 행동을 해도 사탄에 사로잡혔다고 정죄했다. 사명이라고 생각하고 한 행동이지만, 결국에는 그런 행동들 때문에 사람들을 교회의 질서에도 순종하지 않게 만들었다. 나는 하나님으로부터 직통계시를 받는 사람이고 내 돈으로 어려운 성도들을 돕고 있는데, 목회자들이 사례비를 받으면서 목회를 하는 모습이 우스웠다. 그들의 설교에서 아주 작은 실수만 발견되어도 사탄에 사로잡혔다는 생각이 들었다. 그분들을 존경하지 못한 것은 당연한 일이었다.

교회를 세우지 않는 사역이 과연 하나님의 사역이겠는가? 예수께서 이 땅에 교회를 세우기 위해서 오셨는데 말이다.

나더러 주여 주여 하는 자마다 다 천국에 들어갈 것이 아니요 다만 하늘에 계신 내 아버지의 뜻대로 행하는 자라야 들어가리라 그날에 많은 사람이 나더러 이르되 주여 주여 우리가 주의 이름으로 선지자 노릇 하며 주의 이름으로 귀신을 쫓아내며 주의 이름으로 많은 권능을 행하지 아니하였나이까 하리니 그때에 내가 그들에게 밝히 말하되 내가 너희를 도무지 알지 못하니 불법을 행하는 자들아 내게서 떠나가라 하리라(마 7:21-23).

고통 가운데 있었을 때는 이런 죄를 저지르는 것을 상상도 할 수 없었다.

돈이 많아지고 명예가 생기니 더 높은 자리에 앉고 싶은 욕심이 생겼다. 사탄의 가장 큰 무기는 나의 교만이었다. 사람이 고통을 받아서 영적으로 쓰러지는 것보다 교만해져 하나님이 되고 싶어하는 마음이 들 때가 더 무섭다. 영적으로 교만해질 때 우리는 아주 빨리 무너지게 된다.

나는 이제 성경을 읽기보다 말세에 나타날 현상을 추적하는 일에 심혈을 기울였다. 또 그것을 놓고 사탄을 대적하는 기도를 하면서 밤을 새웠다. 누가 봐도 나는 성령의 일을 하고 있었다. 하지만 내 마음은 점점 황폐해져만 갔다. 항상 사탄만 생각하고 살았으니 평강이 있을 리 만무했다.

이 모든 것이 성령의 역사인 것 같았다. 성경에도 말세가 되면 저희들이 예언할 것이요, 우리의 싸움은 혈과 육이 아니요, 전신갑주를 입고 깨어서 말세의 징조를 분별하고 사탄을 대적해야 한다고 나와 있었다. 이 모든 것은 우리의 사명이었고 내가 하는 모든 일들은 성경적인 것 같았다.

사회 비리를 파헤치는 신문사의 사장으로 유명해지자 독자들은 내가 어디를 가든지, 나이가 많든지 적든지, 먼저 내게 와서 인사를 했다. 또 어떤 사람은 돈 봉투를 내밀며 은밀한 부탁을 해왔다. 하나님의 일을 하는 사람에게 청탁은 있을 수 없다. 그것을 뿌리치는 것은 물론이고 되려 그들을 비판하는 기사를 실었다. 정의로워야 했기 때문이었고, 또 내 안에 실제로 그러한 정의감이 불탔다. 드디어 나는 꿈에 그리던 자리에 앉았다. 세상의 모든 악인에게 복수할 수 있는 자리. 더불어 깨끗하다고 존경받는 자리.

하나님의 이름을 간절히 불러야 할 이유가 그렇게 사라지고 있었다.

그분의 음성을 듣다

칭찬받는 생활이 계속됐지만, 이상하게도 내 양심은 자유롭지 못했다.

거짓 선지자에 관한 말씀을 읽을 때는 괜히 내 이야기 같아서 그

부분은 보지 않고 넘겼다. 나는 내 맘에 맞는 성경구절만 찾아서 보았다.

> 내가 네게 명령한 것이 아니냐 강하고 담대하라 두려워하지 말며 놀라
> 지 말라 네가 어디로 가든지 네 하나님 여호와가 너와 함께 하느니라
> 하시니라(수 1:9).

어쩌면 나는 이렇게 악한 기질 때문에 어릴 때부터 그렇게 많은 연단을 받은 것은 아닐까.

우리 주님은 이토록 인내하시는 분이시다. 나 같은 죄인을 끝까지 기다리시는 분이시다. 그리고 결국 이런 죄인을 회복시켜주시는 분이시다.

하나님은 나를 도저히 그대로 내버려두실 수 없다고 판단하신 것 같다.

내가 경영하던 신문사에 큰 계약들이 성사되면서 재정적으로 더욱 탄탄하게 될 거라 자부하고 있을 때였다. 투자해주기로 했던 회사에서 갑자기 투자를 취소하면서 신문사는 난데없이 경영 위기를 맞았다. 우리 회사는 절대 문제없을 줄 알았다. 너무 어린 나이에 큰돈을 만지다 보니 재정 관리에 소홀했고, 또 나는 교만으로 가득

차 있었다.

월급을 줄 수 없어서 직원들을 모두 내보내야 했다. 인쇄비가 없으니 더는 신문을 발행할 수도 없었다. 이상할 정도로 갑자기 회사가 무너졌다. 회사를 넘기고 각종 세금과 밀린 인쇄비를 정산하고 나니 65만 원 정도가 남았다. 그렇게 잘 되던 회사가 어쩌면 이렇게 한순간에 망할 수 있는지 어리둥절하기만 했다.

그때까지만 해도 나는 내가 무엇을 잘못했는지 당최 알 수 없었다. 아니 나처럼 주의 일을 열심히 한 사람이 어디 있는가. 텅 빈 사무실에 혼자 앉아서 하나님께 따지듯 소리를 질렀다.

"하나님, 저에게 무슨 억하심정이라도 있으세요? 제가 지금까지 얼마나 많은 고통을 겪었는지 잘 아시잖아요. 하나님의 일을 위해서라면 누구보다도 헌신했어요. 도대체 제가 뭘 잘못했나요? 술을 마신 게 잘못인가요? 담배를 펴서 화가 나셨어요? 아니면 교회에 자주 빠져서 화가 나신 거예요? 그럼, 목회하면서 사기 치는 사람들은요? 저처럼 주님의 일도 하지 않고 죄만 짓는 사람들은요? 그 사람들은 너무나 잘 살게 해주시더군요. 그런데 저는요? 제가 무엇을 그렇게 잘못했나요? 갑자기 회사를 망하게 하실 만큼 큰 죄를 지었던가요?"

그래도 분이 풀리지 않았다.

"정말 죽고 싶습니다! 이러실 바에는 차라리 그냥 저를 데려가 세요!"

정말 미친 듯이 발광했다. 하나님께 대들고 따졌다.

그때 갑자기 누군가 내 귀에 대고 크게 소리쳤다. 분명 아무도 없는 사무실이었는데 말이다.

"네가, 너를, 가장 낮은 곳으로 낮추면…, 내가, 너를, 가장 높은 곳으로 올리리라…."

하나님의 말씀은 살아 있는 검이요 상상할 수 없을 만큼 위대했다. 내가 들은 세 번째 음성이었다. 잠깐 숨이 멎어 천국을 봤을 때 "깨어나라" 하셨고, 살모넬라에 걸렸을 때 물을 떠주시며 "얘야, 이것을 마시고 나아라" 하신 음성 다음에 들려주신 음성이었다. 그 음성을 듣자 온몸이 사시나무 떨리듯 떨렸다. 지금 당장이라도 죽을 것 같아 두려워졌다.

내가 너희에게 이르노니 이에 저 바리새인이 아니고 이 사람이 의롭다 하심을 받고 그의 집으로 내려갔느니라 무릇 자기를 높이는 자는 낮아지고 자기를 낮추는 자는 높아지리라 하시니라(눅 18:14).

내가 이 짓을 1년만 한 것이 그나마 다행스러웠다. 지금도 주님께 너무나 감사한 것은 나에게 걸맞지 않은 신문사 일을 내려놓게 하시고, 교만한 자리에서 내려오게 하시며, 회개하게 하시어 새로운 사람으로 거듭나게 해주신 사실이다. 주님의 크신 은혜와 사랑에 감사와 찬양을 드린다.

"주님께서 나같이 더러운 죄인을 위해서 죽으셨다니, 주님, 망하게 하셔서라도 저를 이 죄악된 세상에서 구원해주심을 감사합니다."

거듭남, 하나님 나라를 사는 삶

거듭나다

> 그런즉 누구든지 그리스도 안에 있으면 새로운 피조물이라 이전 것은
> 지나갔으니 보라 새 것이 되었도다(고후 5:17).

이런 모든 일을 겪으면서 깨달은 것이 있다. 나는 주님 앞에서 철저하게 무능한 존재라는 사실이다. 그동안 겪은 일들이 결국은 내 안에 있는 내 의를 빼내기 위한 하나님의 절대적인 사랑의 개입 이었다.

쫄딱 망해서 집에 돌아왔더니 남편은 혹시라도 자신에게 불이익 이 올까 봐 내가 없는 사이에 집에 남아 있는 돈을 가지고 도망가 버렸다. 나는 정말 완벽하게 빈손이 되었다. 돈이 없어서 전기와 수도가 끊길 정도였다. 차도 모두 은행에 압수당하고 트럭 한 대만 겨우 남길 수 있었다.

내 자동차는 물론이고 가족들의 차, 그리고 집까지도 모두 압류에 들어갔다.

아이들과 부모님이 상처를 많이 받았지만 늘 아버지의 폭력에 시달렸던 아이들은 오히려 곧 안정을 찾았고, 나 역시 모든 것을 주님께 맡겼다. 이 모든 상황이 주님께서 지난 18년의 남편과의 전쟁에서 해방시켜주시는 것처럼 느껴져서 감사했다.

절대 나갈 것 같지 않던 남편이 싸움도 없이 스스로 집에서 나감으로써 나와 아이들은 드디어 폭력으로부터 해방될 수 있었다. 남편은 변호사를 통해 이혼 서류를 보내왔고, 나에게 제발 이혼해달라며 통사정을 했다. 그의 인생이 불쌍했다. 변호사는 이혼 절차를 밟으면서 양육비와 그동안 아버지로서의 역할에 충실하지 않은 것에 대한 소송을 제기할 수 있고 그렇게 하면 많은 돈을 받아낼 수 있다고 알려줬다.

남편은 한 번 더 애원했다. 자신이 제발 돈을 갖게 허락해달라는 것이다. 그냥 자기를 보내달란다. 물질의 노예가 되어 자식조차 알아보지 못하는 그가 너무 불쌍해서 소송을 하지 않고 그냥 보내주었다.

"당신을 보내줄 테니 제발 당신도 언젠가는 하나님 앞에 회개하고 구원받기를 바라."

이것이 그에게 한 마지막 말이다.

하나님의 방법이 아니라 내 방법대로 해서 이루어진 것은 아무 것도 없다.

주님께서 나를 살려주시고 내 죄를 용서해주신 것만으로도 감사한데, 술주정하는 남편으로부터 고통받지 않게 되었으니 이 얼마나 감사한 일인가. 남편의 영혼이 불쌍해 그를 위해 축복하는 기도를 드렸다.

빈손이 되자 나는 다시 주님 앞에 무릎을 꿇었다. 그동안 내가 지은 모든 죄를 낱낱이 고하고 회개하면서 기도를 이어갔는데, 나도 모르는 사이에 40일이나 금식 기도를 하게 되었다.

처음부터 40일을 작정하고 기도를 시작한 것은 아니었다. 매일 기도하다 보니 점점 배가 고프지 않았고, 짧게 기도한 것 같은데 시계를 보면 4시간, 5시간이 훌쩍 넘어 있었다. 쓰러져 잠을 자다가도 눈을 뜨면 자꾸만 기도해야 한다는 마음이 들었다. 하루에 2-3시간씩 자고, 일어나면 기도하고 또 잠들었다가 일어나면 기도하기를 반복했다. 그렇게 40일을 기도만 한 것이다.

이것은 절대 내 힘으로 한 기도가 아니었다. 통제할 수 없는 어떤 힘에 이끌려 한 기도다. 하나님은 이 시간을 통해 나에게 놀라운 선물을 주셨다.

금식 기도를 하면서 매일 성경을 읽는데, 말씀에 대한 지혜를 어마어마하게 부어주시는 것이다. 마치 컴퓨터로 머릿속에 입력을 해주시는 것처럼 말씀을 깨닫게 하셨고, 교회를 바라보는 눈을 뜨게 하시고, 십자가의 도를 깨우치게 하셨다.

40일 금식 기도 후에 드디어 나는 진정한 평화를 찾았다. 나는 자유했다. 주님이 내 죄를 용서해주셨기 때문이다. 내가 얼마나 지독한 죄인인지를 깨달은 것이 내 신앙생활의 중요한 변환점이 되었다.

"주님, 이제 저는 없습니다. 저는 주님과 함께 십자가에 이미 죽었습니다. 다시 주님의 품에서 새로운 생명으로 거듭나게 해주심을 감사합니다. 이제 주님만 의지하오니 주여 모든 것을 주님의 뜻대로 하시옵소서. 주님의 사람으로만 살겠습니다."

이전에는 하나님 앞에서 따지고 억울해하느라 눈물 마를 날이 없었는데, 이제는 너무나 감사해서 눈물이 마를 날이 없었다. 나는 주님 앞에서 아무것도 내세울 게 없었고 할 수 있는 것도 없었다. 그런 보잘것없는 나를 주님이 기억해주시고 죄를 용서해주신 것만으로도 너무 황송해서 눈물이 나왔다.

주님은 과거의 모든 것을 축복으로 바꾸어주셨다. 나에게 고통을 주었던 사람들에 대해서는 용서를 넘어 예수 그리스도의 사랑으로 사랑하는 마음이 용솟음치게 해주셨다. 내가 지은 죄가 너무 크기에 나에게 고통을 준 그 어떤 사람의 죄도 하나님 앞에서 내가 지은 죄보다 작았다. 그 자유함으로 주님께서는 내 안에 말할 수 없는 기쁨을 채워주셨다. 또 그러한 고난을 통해 하나님을 만나고 모든 죄를 사함 받았다는 사실에 너무 감사했다.

내가 그리스도와 함께 십자가에 못 박혔나니 그런즉 이제는 내가 사는 것이 아니요 오직 내 안에 그리스도께서 사시는 것이라 이제 내가 육체 가운데 사는 것은 나를 사랑하사 나를 위하여 자기 자신을 버리신 하나님의 아들을 믿는 믿음 안에서 사는 것이라(갈 2:20).

저는 지금이 가장 행복해요

40일 금식 기도가 끝나고 얼마 지나지 않아 주님은 다시 일을 할 수 있도록 길을 열어주셨다. 건강이 좋지 않았지만 아들 둘을 혼자 키우려면 돈을 벌지 않을 수 없었다. 가장 낮은 곳에서부터 시작해야 한다는 마음에 일단 청소하는 일을 선택했다. 내 안에 있는 교만을 모두 내려놓고 나 자신을 비우고 싶었다.

건축 일을 다시 시작할 수도 있었지만 일부러 남의 집 청소하는 일을 찾아 나섰다. 화려했지만 교만하기만 했던 지난날을 청산하고 진정으로 누군가를 섬기고 싶었던 것이다. 주님이 들려주신 음성을 기억하며 낮은 곳으로, 더 낮은 곳으로 나 자신을 낮추었다.

사람들은 이런 나를 보고 회사가 망하더니 정신이 나갔다며 수군거렸다.

"어떻게 그렇게 잘 나가던 사람이 남의 집 청소부로 일할 수가 있지? 정신이 이상한 거 아니야?"

어떤 사람들은 우연히 나를 만나기라도 하면 측은한 눈빛으로 내 손을 잡고 "어떻게 하다 이렇게 되셨어요" 하면서 위로의 말을 건넸다. 그럴 때마다 나는 환하게 웃어 보였다.

"저는 지금이 제일 행복해요."

사람들은 의아해했다. 그도 그럴 것이 나는 한인 사회 유명인사였고, 가장 좋은 차와 가장 좋은 옷과 가장 좋은 집, 가장 좋은 음식을 먹으며 모든 사람의 부러움을 한몸에 받았던 사람이었다. 그랬던 사람이 청소부가 되었으니 얼마나 놀랍고 재미있었을까.

매일 스스로 다짐했다.

"이젠 절대 하나님 앞에서 교만해서는 안 돼. 다시는 그런 잘못을 반복하지 말아야지. 더 손가락질받고, 더 낮아져야 해."

정말 더는 하나님을 거역하고 싶지 않았다. 정말 진심으로 주님이 기뻐하시는 종이 되고 싶었다.

청소부로 1년 정도 일하고 있을 때였다. 청소하러 간 집의 주인이 나를 알아보고 깜짝 놀라는 것이다. 알고 보니 예전 내 칼럼의 애독자였다고 한다. 이분은 나를 보자마자 도대체 어떻게 된 거냐며 자초지종을 물었다.

"어떻게 이런 일을 하세요?"

나는 내가 얼마나 교만한 사람이었는지 말해주었다. 밑바닥부터 다시 시작하고 싶어서 이 일을 하게 되었고, 예전보다 지금이 몇 배는 더 행복하다고도 이야기해주었다.

"사장님이 한인 사회를 위해서 얼마나 애쓰셨던 분인데, 청소를 하시다니요. 이런 모습을 보니 제 마음이 너무 아픕니다. 제가 건축 공사 자리를 드릴 테니 차라리 건축 일을 해주세요."

사실 그전에도 건축 일을 시작할 기회는 여러 번 있었다. 하지만 교만으로 가득 찬 마음으로 일을 시작했다가 또 망하고 싶지 않았다. 선뜻 사업을 시작했다가 큰돈을 만지면 죄의 유혹을 받을 게 불을 보듯 뻔했다. 무엇보다도 이렇게 해서라도 나에게 벌을 주고 싶은 마음도 컸다. 하나님을 배신한 나 자신이 너무 미웠기 때문이다.

신문사가 망하면서 모든 직원을 내보냈는데, 이때까지 나를 떠나지 않은 직원이 하나 있었다. 그는 아무리 말려도 사장님 혼자 청소하게 놔두고 갈 수 없다며 매일 내 곁을 지켜주었다. 괜히 사장 잘못 만나서 고생시키는 것 같아서 늘 신경이 쓰였는데, 이 직원을 위해서라도 다시 사업을 시작해야 했다.

이제는 돈이 많이 생겨도 절대로 그것을 내 것이라 여기지 않겠다고 다짐했다. 돈이 생기면 교회를 세우는 일에 쓰겠다고도 주님께 약속했다.

과거의 잘못을 절대로 반복하고 싶지 않았다. 겸손한 마음으로 순종하는 삶을 살고 싶었다. 그래서 매 순간 주님의 뜻을 구하며 조심스럽게 일을 해나갔다.

다섯 명의 천사들

그러던 중에 온두라스 출신의 남미 청년들을 건축 현장에서 만나게 되었다. 이들은 모두 가톨릭 신자였고 일이 끝나면 매일 술에 취해 살았지만 나는 이 청년들이 너무 아름다워 보였다. 얼굴도, 웃음도, 심지어 이름도 예뻤다. 베드로, 노엘, 사울, 노에, 아롤도.

술에 취해 있는 모습은 안쓰러웠고, 마치 내 친형제를 보는 것처럼 애틋했다.

주님은 청년들을 위해 집을 얻을 수 있게 해주셨고, 매일 저녁 나는 이 친구들을 위해 밥을 짓고, 식사가 끝나면 함께 예배를 드렸다. 스페인어를 모르니 대화가 잘 통하지 않아 예배를 드리는 데는 어려웠지만 떠듬떠듬한 영어로 복음을 전했다. 나는 이 시간이 너무나도 즐겁고 행복했다. 얼마 지나지 않아 청년들은 모두 그리스도인이 되었다.

내가 다니는 한인 교회에 이 친구들을 몇 번 데리고 갔는데 신기하게도 한국말을 전혀 모르면서도 설교는 알아듣는 것이었다. 이 친구들과 이들의 언어로 이야기할 수 있으면 얼마나 좋을까. 스페인어로 복음을 전하고 예수님을 소개해주고 싶은 마음이 강하게 들었다. 바로 서점으로 달려가 스페인어 사전을 구입해 매일 공사 현장에 나가는 차 안에서 단어를 외웠다.

"'안녕하세요'는 '올라!'Hola"

"'감사합니다'는 '그라시아스!'Gracias"

일부러 청년들과 함께 새벽에 출근하면서 인력 시장에 들러 성경책과 컵라면을 나눠주면서 복음을 전했다.

"예수님 믿으세요. 예수님을 믿어야 천국에 갈 수 있습니다. 믿지 않는 사람은 지옥에 갑니다. 예수님을 믿으세요!"

그럴 때마다 몇몇 사람들이 손을 번쩍 들며 내 앞으로 다가왔다.

"저도 믿겠습니다."

"저도요."

난감했던 것은 복음을 전하는 것만 생각했지 그들이 나갈 만한 교회에 대해서는 전혀 고려하지 못한 것이다. 베드로가 내게 물었다.

"진, 이 사람들에게 믿으라고만 하지 말고 교회에 데려가야 하지 않겠어요? 나도 이제부터 남미 사람들이 가는 교회를 찾아봐야겠어요."

그에게 남미인들이 다닐 만한 교회를 알아봐 달라고 부탁하고 차에 타려는데 어떤 여자 분이 다가와 명함을 내밀었다.

"안녕하세요. 저는 이 근처에서 목회하는 감리교 목사입니다. 저희 민족의 복음화를 위해 전도하시는 모습에 항상 많은 도전을 받습니다. 당신을 위해 기도하겠습니다."

베드로와 나는 눈을 맞추었다. 성령께서 보내주신 천사다.

이제 이곳의 남미인들은 그 목사님의 교회에 출석한다. 여기서 전도하는 사람들도 모두 그 교회에 가게 될 것이다. 할렐루야!

스페인어 사전으로 공부한 지 두 달 정도 되었을 때다. 아직 그들의 말을 알아들을 수도 할 수도 없었다. 함께 예배를 드리는 도

중이었다. 불현듯 그들의 말이 들렸다. 스페인어를 구사할 수 있게 된 것이다. 물론 완벽하게는 아니었지만 어느 정도는 소통이 가능해졌다. 이것은 분명 성령의 역사였다.

몇 년 후 내가 전도했던 다섯 친구들 베드로, 노엘, 사울, 노에, 아롤도는 그들의 나라 온두라스로 돌아갔고, 그곳에서 아는 목사님을 도와 천막교회를 시작했다. 성령님은 내가 그들을 후원할 수 있는 길을 열어주셨다. 그들은 아직도 내게 전화로 안부를 묻는다. 나를 '아메리카 마미'라고 부르며, 때마다 그곳 소식을 전하는 것이다. 10명으로 시작한 교회는 5년 만에 300명의 성도가 출석하는 교회로 성장했다고 한다.

주님은 내게 계속해서 성령의 역사를 보여주시고 계시다. 내가 한 것은 아무것도 없다. 그저 삶 속에서 예배드리며 말씀에 순종했을 뿐이다. 성령께서는 내가 직접 그곳에 가서 전도하지 않더라도 내 기도를 통해 그곳에 교회를 세워주신다.

우리는 어느 곳에 있든지 기도할 수 있고, 우리의 기도를 들으시는 주님은 세계 어느 곳이든 그곳의 영적 환경을 바꾸어주신다. 한 사람의 기도로 말이다. 이 사실이 나를 여전히 흥분시키고, 기도를 쉴 수 없게 만든다.

세상 물질을 모두 내려놓다

　이곳저곳에서 일거리가 많이 들어왔다. 신문사를 하면서 돈 많은 미국인들과 알고 지낸 것이 건축 계약을 맺는 데 도움이 되었다. 그들은 나의 디자인 감각과 성실함을 인정해 선뜻 일을 맡겨주었다.

　그들의 빌딩을 리모델링해주고 집을 지어주던 중, 내가 지금 살고 있는 지역에서 가장 잘 사는 사람의 눈에 띄게 되었다. 쿠웨이트 석유 갑부의 둘째 아들인데, 레바논으로 이민 가서 자란 중동 사람이었다.

　버지니아 주가 남한의 4배 정도는 된다고 하니, 한 주에서 가장 큰 부자는 미국의 장관급 되는 사람들도 와서 굽실거릴 정도로 돈이 많은 사람이었다. 이 사람이 가지고 있는 고층 건물만 30개가 넘었다. 그가 4층짜리 건물을 새로 짓는다는 이야기가 돌았고, 그 일을 내게 맡기고 싶다고 전화를 걸어왔을 때 '난 이제 로또에 당첨되었구나' 하며 쾌재를 불렀다. 물론 전처럼 돈을 함부로 쓰거나 나의 유익만을 위해서 써야겠다는 마음을 갖지는 않았다. 주님께서 다시 내게 물질의 복을 부어주시면 그것으로 하나님의 일을 해야겠다고 생각했다.

약 3년 동안이나 그의 일을 맡아서 했다. 밤이든 낮이든 기한을 맞추기 위해서는 날을 새울 만큼 열심히 일했고, 그도 내 실력을 알아주었다. 그는 나를 정치인들의 모임에도 초청해주었고, 유명 인사들을 만날 수 있는 자리도 마련해주었다.

그러던 어느 날 세계 지도자 모임에 초청을 받게 되었다. 전 세계 최고의 갑부들과 수많은 정치인에 미국 부통령까지 오는 자리라고 하니, 호기심에 선뜻 가겠다고 했다. 내가 가지고 있는 옷 중에서 최고로 예쁜 옷을 골라 입고, 정성 들여 화장을 하고 나섰다. 그곳에서 나를 기다리고 있는 엄청난 일에 대해서는 짐작도 하지 못한 채 말이다.

모임은 워싱턴 D.C.에 있는 하얏트 호텔에서 열렸다. 그와 로비에서 만나 모임 장소로 함께 걸어갔다. 워낙 큰 곳이라 그런지 문도 화려했다. 그가 먼저 가서 문을 열어주었다.

우리는 함께 그곳에 들어갔다. 그런데 이게 웬일인가. 그 자리에 들어서는 순간 나는 금방이라도 심장이 멎을 것처럼 숨이 가빠왔고, 그 자리에서 한 발짝도 움직일 수가 없었다. 나중에 알고 보니 그 모임은 이슬람 정치권 최고 지도자들의 모임이었다.

셀 수 없이 많은 사람들이 컨벤션 센터가 떠나가라 함성을 지르며, 새로운 이슬람 지도자를 환영해주고 있었다. 단 한 번도 일 얘

기가 아닌 이야기를 이 사람과 나눠본 적이 없었던 터라 그의 종교
가 무엇인지 미처 몰랐다. 몇천 명의 사람들이 함성과 함께 각 나
라의 깃발을 휘저으며 무대 위에 올라온 이슬람 지도자에게 환호
를 보냈다. 내가 놀란 이유는 다름 아닌 바로 그 사람 뒤에 서 있는
존재 때문이었다.

새로운 이슬람 지도자는 무대 위에서 사람들에게 손을 흔들며
이슬람어로 뭐라고 소리를 지르고, 그곳에 있는 사람들은 동시에
함성을 지르며 궐기대회 같은 것을 하고 있었는데, 내 눈에는 그
지도자 뒤에 서 있는 무시무시한 모습의 마귀가 들어왔다. 그 모습
을 보고 너무 놀라서 그 자리에서 그대로 굳어버린 것이다.

마귀는 성인 남자의 5배 정도는 더 컸고, 팔을 크게 벌려 이슬람
지도자를 감싸 안고 있었다. 내가 무엇을 잘못 봤나 싶어서 아무리
눈을 비비고 다시 봐도 마귀는 그 자리에 서 있었다. 흉측한 얼굴
로 괴기스러운 미소를 지으며 사람들의 환호를 즐기고 있는 것 같
은 표정이었다.

번쩍번쩍 빛이 나는 시커먼 두루마기를 걸쳤고, 검은 얼굴과 핏
빛을 하고 있는 눈에서는 광기가 나왔다. 머리에는 검은 뿔이 솟아
있었고, 마귀의 전신에서 살기가 흘렀다.

한참을 그 자리에 서 있는 내게 그가 자리를 안내해주며 앉으라

는데 너무 무서워 도저히 그 자리에 있을 수 없었다.

"죄송합니다. 제가 지금 급히 가봐야 할 일이 생겨서요."

나도 모르게 자리를 박차고 나와버렸다.

알고 보니 그는 이들에게 물질을 후원해주는 유력한 후원자였다. 나에게 왜 이런 일이 자꾸 생기는지 도무지 이해가 되지 않았다. 운전하는 내내 다리가 후들거려 어찌할 바를 몰랐다. 그러면서도 내 안에는 나도 알 수 없는 어떤 분노 같은 것이 치밀어 올랐다. 분노는 집에 돌아와서까지 가라앉지 않았다. 대체 이게 무슨 일인가 싶어 집에 도착하자마자 무릎을 꿇고 기도하기 시작했다.

"주님, 제가 본 게 뭐죠? 사탄인가요? 알려주세요. 주님!"

주님은 아무런 대답이 없으셨다. 알 수 없는 눈물이 쏟아졌다. 나도 내가 왜 울고 있는지 알 수 없었다. 지금 생각해보면 주님이 흘리신 눈물이 아닌가 싶다. 알 수 없는 슬픔이었고, 그 슬픔은 마치 뼈를 깎는 것처럼 나를 아프게 했다.

다음날 아침, 어김없이 공사 현장으로 출근을 했다. 왜 그런지는 모르겠지만 그의 얼굴이 정말 보기 싫었고, 이제 돈이고 뭐고 그저 그 사람을 만나지 않고 살았으면 좋겠다는 마음이 계속해서 들었다. 일을 계속 해야 하나 말아야 하나를 고민하면서 현장으로 향했다. 여기서 일을 중단하면 지금까지 벌여놓은 일은 어쩐단 말인가.

이 일을 정리한다고 해도 하청업체에 줄 수 있는 돈이 한 푼도 없었다. 걱정이 몰려왔다. 그 와중에도 전날 밤에 본 마귀의 모습이 머릿속에서 지워지지 않고 나를 혼란스럽게 했다.

대체 이 일을 어떻게 해야 하나. 당시의 상황으로는 내가 일을 중단하면 알거지가 되는 것은 물론이고, 그로부터 고소를 당해 엄청난 피해를 입을 게 자명했다. 아마 평생 다시 일어설 수 없을 만큼의 타격을 받을 것이다.

현장에 도착해서 공사 중인 빌딩을 바라보며 마음을 굳게 먹었다.

"그래. 다시 망할 수는 없잖아. 어떻게 해서 여기까지 왔는데. 내가 얼마나 많은 죽을 고비를 넘겼는가. 잠도 안 자고 쉬지도 못하고 일만 하면서 이 자리까지 왔는데, 이제 와서 그만 둘 수 없지. 이 공사만 끝내면 앞으로 10년은 먹고 살 수 있으니까 조금만 참자. 이 공사만 끝내고 더는 이 사람과 일을 안 하면 되지."

현장에는 하청업체를 포함해 약 100명 정도 되는 사람들이 일하고 있었다. 커피를 마시며 마음을 진정시키고 도면을 들여다보는데 그가 나타났다.

"진, 어제는 무슨 일이 있었던 거야? 왜 그렇게 가버린 거야?"

그 순간 미리 준비하지도 않은 말들이 나도 모르게 자꾸 입에서 나왔다.

"나는 예수님을 믿는 하나님의 딸이므로, 사탄을 경배하는 자리에는 있을 수가 없었습니다."

이런, 한 번 튀어나온 말은 더 이상 주워 담을 수도 없었다. 솔직히 정말 너무 난감했다. 그런데 그가 갑자기 더 흥분해서 소리를 지르는 것이다.

"예수는 하나님이 아니야! 네가 감히 나의 신을 모독해?" 하면서 도면을 빼앗아 가버렸다.

"당신은 해고야!!!"

나는 그대로 현장에서 쫓겨났고, 그 이후로 우리 회사는 이름만 남긴 채 사무실을 정리하고 빚더미에 앉아야 했다. 아니나 다를까 하청업체들로부터 전화가 빗발쳤다. 얼마나 전화가 많이 오는지 하루는 핸드폰이 퍽 하고 터져버렸다.

빚은 갚을 길이 없고 여기저기서 돈을 내놓으라고 독촉을 해대니 정말 하루에도 수십 번씩 목숨이 왔다 갔다 했다. 단 하루도 마음 편히 있을 수 없었다. 이 세상에서 가장 어두운 곳 구석에 몰려 있는 듯한 기분이었다. 방문을 걸어 잠그고 온종일 앉아서 울기만 하는데, 사방이 막혀 있고 뚫려 있는 곳이라고는 하늘밖에 없었다. 온몸이 부들부들 떨렸다. 내 머릿속에는 오직 하나님 한 분밖에 생각이 나질 않았다.

그때부터 기도하기 시작했다.

"주님 저를 기억해주세요. 그동안 주님을 바라보지 않고 세상 욕심에 사로잡혀 있었던 모든 시간을 회개합니다. 주님, 제발 저를 용서해주시고 살려주세요. 주님!"

그렇게 한 달 동안 울며 기도하기를 반복했다. 절체절명의 순간, 내가 매달릴 곳은 하나님뿐이었다. 야속하게도 주님은 아무 말씀이 없으셨다. 그런데도 기도는 멈춰지지 않았다. 내 입에서는 쉴 새 없이 회개의 기도가 터져 나왔다. 기도밖에 할 수 있는 게 아무것도 없었다.

그렇게 기도의 시간이 끝나고 몇 개월이 지났을까. 미국에 갑자기 서브프라임 경제 위기가 닥쳤다. 그때까지만 해도 서브프라임이 내게 미칠 영향 같은 것에는 전혀 관심이 없었다. 내게는 어차피 잃을 게 하나도 없었기 때문이다. 그런데 매일 수십 통씩 걸려오던 전화가 점점 줄어들기 시작하더니 결국에는 아무에게서도 전화가 오지 않는 게 아닌가.

이유가 너무 궁금해서 알아보니 나에게 하청을 받던 회사들이 서브프라임으로 모두 파산을 신청하고 문을 닫아버린 것이다. 물론 그들이 나에게만 하청을 받는 작은 회사들은 아니었지만, 실상 나는 아무런 조치를 취하지도 않았는데 순식간에 공짜로 빚을 탕

감받게 된 것이었다. 그 회사들의 파산 이유가 나 때문이 아니라는 사실에 감사할 뿐이었다.

더더욱 놀라운 것은 절대로 망하려야 망할 수 없을 만큼 돈이 많았던 그 사람도 어찌어찌해서 파산을 했다는 소식이 들려왔다. 그의 빌딩들이 거의 모두 은행에 넘어갔고, 그의 집안은 완전히 망해 버렸다.

그때 이후로는 어떤 환상을 보거나 초월적 음성을 듣지 못한다. 하나님께서는 그때 당시 어떤 목적 때문에 그런 환상을 나에게 허락하셨던 것이다. 신앙이 깊어지면 깊어질수록 깨닫게 되는 것은 정말 경계해야 할 대상이 영계에 존재해서 영적인 눈이 열리면 보이거나 안 보이거나 하는 사탄이 아니라 내 안에 존재하는 악이라는 사실이다.

나는 그 사건 이후로 세상일을 모두 내려놓았다.

지금은 돈을 벌기 위해 사용했던 모든 시간을 복음을 전하는 일에 쓰고 있다.

이런 일이 우연의 일치일까, 아니면 하나님의 역사일까?

하나님은 내가 복음 전하는 일 외에 그 어떤 세상일에도 집중하는 것을 원하지 않으시는 듯하다. 내게 있는 모든 물질을 가져가시고 세상일을 내려놓으니, 결국 내게 남은 것은 복음 전하는 일뿐이었다.

하나님을 만나고 나는 세상에서 완전히 망하게 되었다. 그러나 참으로 놀랍게도 모든 물질의 욕심을 내려놓고 나니 내 삶에 진정한 평화가 찾아왔다. 평화란 이런 게 아닐까. 아무것도 필요로 하지 않는 것, 주님 한 분만으로 부족함이 없다는 고백이 터져 나오는 것, 지금 난 그런 평화를 누리고 있다.

가족을 구원의 길로 인도해주시는 하나님

미국으로 온 후 부모님과는 거의 15년을 떨어져 살았다. 뒤늦게 부모님을 미국에 모시고 와서는 그동안 함께하지 못한 아쉬움을 달래기 위해 많은 노력을 기울였다. 그러면서 부모님께 어릴 때부터 겪었던 나만의 비밀들, 모든 고통의 시간들을 솔직하게 털어놓았고 우리는 진정으로 서로에게 위로받는 시간을 가질 수 있었다. 나는 이 시간을 통해 완전한 치유를 경험하게 된다.

워낙 힘든 삶을 사셨기에 세상에 대한 배신감 때문인지 두 분은 70세가 되도록 어떠한 종교도 갖지 않았고 신은 없다고 믿으면서 살아 오셨다.

나는 두 분께 적극적으로 복음을 전했고, 부모님은 완강하게 거부하셨다. 그동안의 삶을 한 번에 바꾸기가 쉽지 않았을 것이다. 나는 포기하지 않고 설득했다. 그리고 두 분의 구원을 놓고 정말 헌신적으로 기도했다.

그러던 어느 날 아버지가 대상포진에 걸리셨다. 대상포진은 피부에 발진과 물집이 나타나고 심한 통증이 동반되는데, 면역력이 크게 떨어져 있는 환자의 경우에는 전신에 퍼져서 사망에 이를 수도 있는 무서운 질병이다. 아버지는 너무나 고통스러워하셨고, 두려워하셨다.

평생을 병원 원무과에서 일하셨기에 웬만한 병에는 긴장하지 않으셨고, 아파도 아프다는 말씀을 하지 않는 분이셨다. 그런 분이 얼마나 아팠으면 살려달라고 애원을 하셨을까. 대상포진은 빨리 낫는 병도 아니다. 급기야 얼마나 괴로우셨는지 아버지는 "네가 믿는 하나님께라도 기도 좀 해봐라"라고 하시는 게 아닌가.

순간 이것이 기회라는 생각이 들었다.

"아버지, 지금 하나님께서 아버지를 부르시는 거예요. 저와 함께 기도하시고 하나님을 믿겠다고 그분께 고백하면 주님께서 분명히 아버지의 병을 고쳐주실 거예요."

아버지는 고개를 끄덕이셨다.

누워 계신 아버지의 배 위에 아버지의 손과 내 손을 포개어 얹고 기도를 드렸다. 아버지는 영접기도를 따라 하셨고, 모든 것에 "아멘"이라고 답하셨다. 우리는 함께 찬송 405장을 불렀다. 아버지는 교회를 다니시지는 않았지만 이 찬양은 익숙해서 잘 알고 계셨다.

"나 같은 죄인 살리신

주 은혜 놀라워

잃었던 생명 찾았고

광명을 얻었네."

놀라운 일이 벌어졌다. 찬양을 부르는 동안에 통증이 멈춘 것이다. 할렐루야! 아버지는 너무나 신기한 나머지 탄성을 지르셨다.

"진아, 이게 대체 어떻게 된 일이냐? 어허! 이거 정말 신기하다."

부모님은 어리둥절해하셨다. 그러더니 이내 무언가 두려움을 느끼셨는지 떨리는 목소리로 말씀하셨다.

"진아, 이제 우리 어떻게 해야 하니?"

"어떻게 하기는요. 당장 이번 주부터 교회 나가셔서 회개하고 하나님 앞으로 돌아오셔야죠."

두 분은 일체의 거부감도 없이 그렇게 하겠다고 하셨다. 드디어 우리 부모님이 그리스도인이 된 것이다. 주님의 은혜가 정말 놀랍다.

나의 삶은 기쁨 그 자체였다. 하루하루가 새로웠고 주님께 순종하는 삶이 이렇게 기쁜 일인지 예전에는 미처 몰랐다.

그리고 내게는 또 한 번의 시련이 찾아온다.

2006년 가을 밤, 고속도로를 운전하고 있는데 얼굴이 심하게 저려왔다. 왼손으로는 운전을 하고 오른손으로 얼굴을 비비며 왜 이러는지 생각하는데 갑자기 머리끝에서부터 발끝까지 온몸이 저려왔다. 갈비뼈가 으스러지는 것 같았다. 심장이 딱딱해지는 것 같더니 숨을 쉴 수가 없었다. 눈앞이 흐려졌다. 온몸이 꽈배기처럼 꼬이기 시작했다.

겨우 정신을 차리고 갓길에 차를 세웠다. 마비가 되어가는 뻣뻣한 몸으로 911을 눌렀지만 숨을 쉴 수도 내 상태가 어떤지 말할 수도 없었다. 내가 저들에게 내 위치를 알려주지 않으면 나는 얼마 지나지 않아 심장마비로 죽는다는 것을 알았지만 도저히 말을 할 수 없었다.

'주님, 이제 데려가십니까? 감사합니다. 나의 모든 죄를 용서해주시고 구원받게 해주심에 감사드립니다.'

얼마 후 사이렌 소리와 함께 구급차와 경찰차가 출동했다. 어떻게 나를 찾아냈는지는 알 수 없었다. 구급차에 옮겨 맥박을 재보니 1분에 220이었다. 구조대원들이 산소 호흡기를 씌워주면서 말했다.

"당신은 절대로 심장마비로 죽지 않습니다. 나를 보고 숨을 쉬어 보세요."

그를 따라서 "후아, 후아" 하며 숨을 들이쉬고 내뱉었다. 곧 마비가 풀리면서 다시 숨을 쉴 수 있었다. 마비 증세는 일주일 이상 반복적으로 왔다가 풀리기를 계속했다. 병원에서는 처음에 '과다호흡증후군'이라고 하더니 이제는 그것도 아닌 것 같단다. 아마도 심장이 안 좋은데 너무 무리해서 생긴 증상 같다며 이제부터는 일을 하지 말고 쉴 것을 권유했다. 그래도 이런 증상이 계속되면 수술을 해야 한다고 했는데, 이혼 후에 의료보험이 취소되었기 때문에 수술을 할 수 없었다. 그로부터 8년이 지난 지금까지도 2-3주마다 한 번씩 이런 발작 증세가 나타난다. 나중에서야 밝혀진 사실이지만, 1992년에 있었던 교통사고로 15분간 숨이 멈췄을 당시 전기충격을 심하게 가한 후유증이라고 한다. 심장이 그때의 발작을 기억하는 것이다.

하지만 주님께 너무나도 감사하다. 마비가 올 때마다 나는 세상욕심이 참으로 부질없는 것이며 오직 바랄 것은 하나님의 나라라는 것을 알게 되기 때문이다. 이것은 내게 너무나도 큰 축복이다. 이제는 결코 주님을 떠날 수 없기 때문이다. 더는 일을 할 수 없다는 얘기를 들었을 때, 주님은 지금의 한국인 남편을 보내주셨다. 부모님의 소개로 만난 사람인데 나를 오랫동안 멀리서 지켜보다 내가 몸이 안 좋은 것을 알고는 자신이 보호해주고 싶은 마음이 들었다고 한다. 내 몸이 마비될 때마다 남편은 나보다 더 괴로워한다. 그는 내 팔을 주물러주면서 아이같이 눈물을 뚝뚝 흘린다.

"여보, 나 하나님 열심히 믿을 거야. 당신은 죽으면 천국 가는데, 나는 안 믿으면 지옥 갈 거 아니야. 그럼 우리 헤어져야 하잖아."

남편은 성경도 잘 모르고 어떻게 구원을 받는지도 잘 모른다. 하지만 하나님은 이 사람에게 순수한 믿음을 주셨다. 나는 남편의 순수한 믿음에 늘 도전받는다.

그는 지금도 매일 퇴근하고 내 옆에 앉아 내 이야기를 듣는 것을 좋아한다. 그날 페이스북에 올린 글을 읽어주면 가만히 듣다가 눈물을 흘리는 마음이 온유한 사람이다. 주님은 이런 사람을 내게 남편으로 보내주셨다. 태어나서 처음으로 진정한 사랑을 알게 해준 소중한 사람이다. 이 사랑의 힘은 나에게 상처를 준 모든 사람의 구원을 위해 기도할 수 있는 마음을 주었고, 성령께서 사람을 통해 예수님의 사랑을 전한다는 사실을 알게 해주었다. 우리는 주님께서 허락하시는 시간에 선교지에 나가 여생을 함께 마치려는 꿈을 꾸고 있다.

내가 이 땅에서 기쁨으로 주님을 찬양할 수 있게 된 이유는, 그저 단순히 주님이 내게 기적을 베풀어주셨기 때문이 아니다. 나는 그저 이러한 믿음을 주님께 선물로 받았다. 그러면서 내 삶을 통해 역사하신 그 모든 순간에 그분이 베풀어주신 은혜를 기억하며 순종하고 싶은 간절한 마음이 생긴 것이다.

하지만 그보다도 2-3주에 한 번씩 찾아오는 마비 증세를 8년 째 겪으면서 성령께서는 그러한 내 생각이 나를 진정으로 기쁘게 하는 것이 아님을 깨닫게 하셨다. 숨을 쉴 수 없을 때마다 내 마음 가운데 죽음에 대한 두려움이 완전히 사라지지 않고, 늘 다시 되살아난다는 것을 안다.

나는 죽고 예수 그리스도는 사는 것. 나는 죽고, 나는 죽고.

우리는 결코 스스로 자아를 죽일 수 없다. 숨이 멈춰질 때마다 내가 하는 어떠한 노력으로도 내 자아가 완전히 죽지 않는다는 것을 느낀다. 인간은 하나님 앞에서 절대적으로 죄인일 수밖에 없다. 숨이 끊어지는 마지막 순간까지도 우리는 오직 예수 그리스도의 은혜로만 살 수 있다. 하나님의 손에 내 생명이 모두 속해 있다.

내가 그토록 십자가에 못 박고 싶어하는 나의 교만, 의, 이기심, 죄에 대한 욕망들이 몇 번을 죽음 앞에 갔다 와도 결코 사라지지 않더라는 얘기다. 그래서 우리는 스스로 자랑할 것이 아무것도 없다. 그것이 바로 은혜임을 감사하는 것이다.

내가 어떤 노력을 하든, 내가 얼마나 귀한 체험을 하든, 내가 얼마나 어려운 연단을 이겨냈든 나는 결코 스스로 하나님께로 갈 수 없다. 하나님께서 내게 와주셨고, 또 임해주셨고, 또다시 오셔서 나와 이 땅 모두를 완전하게 회복시켜주실 것이다. 우리는 오직 예수 그리스도의 생명으로 사는 것이요 내 스스로 사는 생명이 아니다. 이 사실을 받아들여야 진리가 실재임을 알 수 있다.

예수 그리스도의 복음이 나를 모든 죄악된 사슬에서 풀어주었고, 자유하게 하셨기에 나는 오늘도 이렇게 살아서 주님 안에서의 안식을 누릴 수 있다.

그분의 사랑

하나님께서 진정 존재하시지만 내가 미처 인식하지 못함을 깨달을 때가 많다. 어릴 적부터 나는 견디기 힘든 고통들을 많이 겪어야 했다.

일곱 살 때부터 내가 가장 많이 해온 질문은 "왜?"였다. 그러나 수도 없이 해왔던 이 질문에 대해 나는 명쾌한 주님의 음성을 들을 수 없었다. 아니 솔직히 말해서 그러한 질문에 대한 대답을 들었던 적은 몇 차례 있었지만 주님께서 내 질문에 대답해주셨다고 해서 고통이 더 이상 찾아오지 않는 것은 아니었다. 수차례 질문하고 수차례 답을 얻었지만 그것이 나로 하여금 고통을 더 기쁘게 이겨내게 해주지는 않았다. 고통은 고통일 뿐이었다.

위기에 맞닥뜨릴 때마다 하나님께서 극적으로 내 인생에 개입해주시길 기대했다. 또한 언제나 하나님께서 다른 이들처럼 나도 사랑하신다는 증거를 보기 원했다.

어떤 친구는 나보다 잘난 것 하나 없어 보이는데도 학창 시절부터 어른이 되어서까지 행복한 삶을 살고, 나는 가는 곳마다 강도를 만나고 납치범을 만나고 불행한 결혼 생활까지 해야 했다. 게다가 불치병이라니.

내 삶의 이유를 찾고 싶었고 내 삶이 과연 하나님과 관련이 있을지에 대한 증거를 찾고 싶었다. 고통과 괴로움, 갈등, 수많은 세월을 어두운 골방에 홀로 앉아 눈물 흘리던 시간들.

나는 하나님과 불화하는 듯했다.

나 자신조차도 납득하기 어려운 내게 일어난 기적들, 셀 수 없이 많은 죽음의 위기에서 살아나고 절대로 불가능할 것만 같은 놀라운 치유의 역사들.

어느 누구도 나를 위해 안수기도를 해주거나 능력을 발휘해주지 않았다.

대장이 거의 다 녹아내려 훼손되었는데 하룻밤 만에 원래의 모습으로 돌아왔다는 사실은 나 자신조차도 쉽게 받아들일 수 없었다.

그 어느 누가 하룻밤 사이에 꿈에서 일어난 일을 겪은 후 죽음에서 다시 살아났다는 이 말도 안 되는 이야기를 받아들일 수 있겠는가.

간증을 하러 가서도 나는 내가 본 죽음 이후의 세계를 내 입으로 표현하기를 꺼린다.

내가 본 것을 어떻게 설명해야 할지도 잘 모르겠고, 섣불리 했다가 오히려 죽음 이후의 세계에 대한 오해를 불러일으킬지도 모른다는 염려 때문이다. 전지전능하신 그분의 영광을 어느 누가 감히 더러운 입술로 쉽게 내뱉을 수 있단 말인가. 그분의 나라를 혹시라도 내 더러운 입으로 왜곡시킬까 두려워서 말할 수가 없다.

누가 들어도 다이내믹한 체험을 한 나는 아직까지도 시련이 올 때마다 그분께 "왜?"라는 질문을 한다. 고통이 내게 찾아와 문을 두드릴 때마다 내 가슴에 잠자고 있던 불신앙이 되살아나는 것이다.

다만 내가 하나님의 존재가 실재한다는 사실을 믿는 이유는 죽음 이후의 세계를 보고 와서도, 수많은 기적적인 체험을 해서도 아니다.

내 눈에 보이지 않는 세계가 분명히 존재한다는 암시가 내 마음 깊은 곳에 마치 도장이 찍혀 있듯이 선명하게 남아 있기 때문이다.

이러한 암시가 언제 내 마음 가운데 자리를 잡았는지 알 수 없다. 내 왼쪽 팔에 남겨진 흉터를 볼 때마다 사고가 났던 20년 전으로 돌아가는 것처럼, 내게 믿음이란 그런 것이다. 언제 정확히 믿음이 내 안에 자리 잡았는지는 모르겠다.

사람들이 "저는 대학교 때 거듭났습니다" 하면서 명쾌하게 자신이 거듭난 시기를 기억할 때마다 놀랍다. 난 내가 언제 거듭났는지 명쾌하게 대답을 할 수가 없다.

어떤 이들은 이렇게 묻는다.

"천국을 보고 온 후로 당신은 무엇을 깨달았나요?"

나는 이렇게 대답한다.

"내가 하나님께 사랑받고 있다는 것입니다. 그뿐이에요."

"정말 그뿐인가요? 너무 순진한 대답 아닌가요? 그것만으로 어떻게 당신이 겪은 그 수많은 일들을 설명할 수 있나요? 하나님께 사랑받고 있다는 것을 알기 위해서 반드시 그만큼의 고통을 겪어야 하는 것은 아니지 않나요?"

그런 식의 질문을 하는 사람들에게 명쾌하게 대답을 해줄 방법은 내게 없다. 그러나 한 가지는 분명하다. 내가 겪은 수많은 사건들은 단지 그분은 '사랑'이시라는 것을 증거하기 위한 배경들이었다.

어찌되었든 그분은 내가 이 모든 일들을 감당해낼 수 있도록 나를 지금껏 지켜주셨다.

처절하게 외로운 나의 삶에서 그 어느 누구도 나에게 줄 수 없던 사랑. 세상이 나에게 등을 돌려도, 모든 사람들이 나를 외면해도, 그럼에도 불구하고 끝까지 나를 사랑하시기를 포기하지 않으시는 그분의 사랑. 심지어 내가 그분을 멀리해도 나를 버리지 않으신 그분의 크나큰 사랑.

내 인생에서 그것보다 더 중요한 것은 없다.

교회에 간증을 하러 갈 때마다 수많은 사람들이 내 간증을 통해 은혜를 많이 받았다는 말씀을 해주신다. 그러나 내가 죽어서 보고 온 천국의 모습보다도, 내 인생에서 역사하신 그분의 증거보다도, 더 실제적으로 우리에게 매일 사랑으로 다가오시는 그분의 실재하심을 성경만큼 명확하게 증명해줄 수 있는 것은 이 세상에 아무것도 없다.

하나님 나라를 사는 삶

하나님은 그분을 간절히 찾는 자를 결코 포기하지 않으신다. 내가 이 땅에서 하는 모든 일이 하나님과 관계있다. 이 얼마나 놀라운 일인가. 우리가 어떠한 환경에 있더라도 우리 주님은 그분의 이름을 부르는 자의 손을 꼭 붙들어주신다.

하나님은 사랑이시라는 이 사실이 내가 이 땅에서의 삶을 살아가는 데 큰 힘이 되었다. 우리 주님은 어떠한 상황에서도 주님 한 분만으로 부족함 없는 삶을 살 수 있도록 힘이 되어주신다.

하나님은 우리를 이 땅에서 영화를 누리게 하려고 오신 게 아니라 우리로 영생을 얻게 하시려고 오셨다. 나는 이 진리 앞에 감사와 찬양을 드리는 것이다.

인간 스스로의 힘으로는 불가능하다. 성령의 도우심으로만 가능하다. 우리는 오직 그리스도를 믿는 믿음 안에서 다시 살 수 있다. 우리가 온전히 예수님을 의지하면, 우리가 겪는 모든 고통을 주님 앞에 내려놓으면, 주님은 우리에게 새 생명을 주시고 새 사람으로 변화시켜주신다.

나는 이제 세상일을 모두 내려놓고 오직 복음을 전하는 전도자가 되었다. 내 삶에 일어난 모든 일들이 복음을 전하는 일에 귀하게 쓰임 받고 있다. 내 인생에 일어난 일 중 의미 없는 일은 하나도 없었다. 다양한 고통의 경험 덕분에 고통받는 사람들의 마음을 헤아릴 수 있게 되었고, 인생에 좌절한 이들에게 작은 위로를 할 수 있게 되었다. 주님은 나를 한국은 물론 일본, 태국 등 수많은 교회를 다니며 간증하게 하셔서 고통받는 영혼들을 위로하게 하시고,

예수님을 전하는 사람으로 사용하고 계시다. 15년간 신문사 생활을 했던 것 또한 복음을 전파하는 일에 큰 도움이 되었다. 내가 쓴 글은 인터넷을 통해 전 세계 많은 그리스도인들과 사역자들에게 읽히고 있다. 또한 과거 신비주의에 빠졌던 경험을 토대로 신비주의의 심각성을 깨닫고 수년간 신비주의에 빠진 교회, 신사도 운동의 실체, 왜곡된 종말론, 베리칩의 허구성 등을 연구하며 여러 교회에서 균형 있는 성도의 삶에 대해 강의하고 있다.

나의 간증은 하나님을 만나 세상에서 망했지만 그 대신 물질로는 얻을 수 없는 하나님 나라를 이 땅에서 소유하며 살아가는 진정한 그리스도인의 삶에 관한 이야기다.

이제 나는 주님이 우리를 이토록 사랑하시고 그 사랑을 우리 모두에게 동일하게 베풀어주시고 계심을 자랑하는 삶을 살아가기를 소망한다.

죽음 앞에 가면, 싸울 일이 없다.
죽음 앞에 가면, 미운 사람이 없다.
죽음 앞에 가면, 무엇을 해야겠다는 욕심이 없다.
죽음 앞에 가면, 세상의 자랑과 물질에 대한 관심이 없어진다.
오히려 온 세상의 모든 것이 소중하게 느껴진다.

나의 모든 원수 되었던 자들은 내가 주님 앞에 올 수 있도록 다리를 놓아준 사람들이고 사탄의 가엾은 희생양들이다. 그들을 다시 만나보지는 못했지만 지금도 그들을 위해 기도한다. 그들이 예수님을 만나 진정으로 변화되기를.

우리에게 주어진 '하루'의 시간은 너무나 소중하고 귀한 '영원'의 시간이다. 이 땅의 삶은 찰나와 같지만 주님과 함께하는 하나님 나라는 영원한 곳이다. 우리가 예수 그리스도를 의지하고 하나님과 연합된 절대의 세계에 살면 이 땅에서 지금 당장 그 나라를 누리며 살아갈 수 있다.

모든 하나님의 백성은 사랑의 대상이다. 때로 그들과 불평하며 다투는 것, 나에게 고통을 주는 사람들과 내가 받는 모든 고통조차도 하나님 안에 속해 있다는 이 사실이 너무나도 기쁜 그 절대의 세계! 우리는 그 세계를 만나야 한다. 모든 해답은 성경 안에 있다.

우리 주 예수 그리스도께서는 죄 없으신 분이나 나 대신 내 죄를 위하여 모든 고통을 받으시고, 십자가에서 내가 받을 모든 죄의 형벌을 대신 받으시고, 비로소 부활하심으로 나를 이 모든 죄악에서

해방시켜주셨다. 그리고 이제는 매일 나에게 생명으로 오신다. 오늘도 오시고 내일도 오시고 영원히 함께하신다.

우리 안에서 끊임없이 되살아나는 죄, 이 죄가 없었다면 우리는 주님을 만나지 못했을 것이다.

세상의 것을 좇는 삶에는 어둠뿐이다. 그러나 이 땅에서도 하늘의 것을 찾으며 살아가는 사람들은 매일 천국을 소유하며 기쁨으로 살아갈 수 있다. 오직 우리가 구해야 할 것은 하나님 나라뿐이다. 그 진리를 알게 될 때 당신은 분명 그 고통에서 승리하게 될 것이다.

주여 나의 모든 소원이 주 앞에 있사오며 나의 탄식이 주 앞에 감추이지 아니하나이다 내 심장이 뛰고 내 기력이 쇠하여 내 눈의 빛도 나를 떠났나이다(시 38:9-10).

우리 주님은 지금 이 시간에도 쉬지 않고 당신을 위해 아버지께 간구하시고 당신의 고통을 함께해주고 계시다.

사람들은 내게 이런 말을 많이 한다.

"내가 당신처럼 천국을 보고 하나님을 만난 체험을 했다면 나는 정말 목숨 걸고 주님을 믿을 것입니다."

그분들이 모르는 사실이 하나 있다. 그것은 바로 내가 그러한 경험을 했다 할지라도 그 경험만으로는 절대 내 안에 믿음이 저절로 생기지 않았다는 것이다.

나는 천국에 가서 하나님의 음성을 듣고, 천사들의 노래를 들었으며, 수많은 신비한 체험을 했다. 그러나 그 사실을 금방 잊고 그전과 똑같은 삶을 살았다. 어떻게 보면 그렇게 잊을 수 있다는 게 더 신기할 노릇이다. 어떻게 그럴 수가 있을까.

그것을 아시는 주님께서 스물네 살에 경험했던 죽음 이후에도 정신을 못 차리는 나에게 끝없는 병마와 통증을 허락하셨다. 내 시선이 아직도 주를 바라지 못하고 세상을 향해 있으니 말이다. 그것이 나를 붙드시기 위한 고통임을 깨달음은 내 인생에 일어난 또 하나의 기적이다.

'고통이 없는 지옥', 다시 말해서 나에게 고통이 주어지지 않았다면 어땠을까. 나는 어쩔 수 없이 신앙적 나병 환자들처럼 살이 썩어 문드러져도 고통을 느끼지 못하다가 결국 죽음 앞에 이르러서야 뒤늦게 후회했을 것이다. 도무지 돌아올 수 없는 아래로 향한 어두운 길, 지옥에서 날 구원해주신 주님의 십자가 사랑이 모든 병마의 고통 가운데서도 오직 주님만으로 내가 부족함이 없다는 찬양을 드릴 수 있는 놀라운 축복임을 깨닫게 하신 주님께 감사드린다.

예수께서 나를 사랑하사 암의 고통을 경험하게 하시고, 식중독으로 중환자실에서 죽음과 맞서게 하시고, 차에 치어 평생 척추에 통증을 앓게 하셨으며, 심장병으로 호흡이 있음에 감사하게 하시고, 전신마비가 올 때마다 세상이 헛됨을 깨닫게 해주셨다. 그것들이 주님께서 끊임없이 나를 부르시는 메시지임을 지금이라도 성령으로 깨닫게 해주시니 얼마나 감사한지 모르겠다.

육신을 입은 나는 지금도 죄인으로서 매일 순간순간 믿음에서 떠나는 일을 반복하고, 남을 사랑하지 못하고, 분을 품고, 내 인생에서 잠시 누릴 쾌락과 안락을 위해 주님을 버리는 일을 반복하며 살고 있다. 그리고 또 회개하기를 반복한다. 주님은 말씀하신다. 미완성인 너를 완성의 단계로 평생을 두고 만들어가실 거라고.

내 삶을 주님께서 어디로 이끄실지 모르겠다. 다만 오늘 하루를 예수 그리스도의 생명을 누리며 살아낼 뿐이다.

오늘도 고통 가운데 있는 또 다른 '동이'를 만나기 위해 집을 나선다.

바리새인들이 하나님의 나라가 어느 때에 임하나이까 묻거늘 예수께서 대답하여 이르시되 하나님의 나라는 볼 수 있게 임하는 것이 아니요 또 여기 있다 저기 있다고도 못하리니 하나님의 나라는 너희 안에 있느니라(눅 17:20-21).

인생의 절반을 살아오면서 숱한 고통의 문제를 겪었습니다. 세상 부귀영화를 좇던 생활, 무수한 신앙의 갈등과 어설픈 종교 생활, 그리고 육신의 연약함, 내 힘으로 어찌할 수 없는 일들을 통해서 깨달은 것이 있습니다.

인간은 아무리 높아지려 해도 하나님의 영광 앞에서는 티끌처럼 작은 존재란 사실입니다. 우리는 하나님 앞에서 한없이 낮아져야만 하는 존재들입니다.

겸손은 외형적인 행위가 아닙니다. 겸손은 하나님께서 나를 창조하셨다는 사실을 인정하는 것이며, 또한 내 삶에 일어나는 모든 일이 하나님과 관련이 있다는 사실을 깨우치는 것입니다.

예수님이 나 때문에 십자가에 못 박히셨다는 사실이 믿어지려면 절대자이신 하나님 앞에 나 자신이 얼마나 작은 존재인지를 알아야 합니다. 인간은 결코 창조주이신 하나님을 떠나서는 살 수 없기 때문입니다. 이 사실을 인정해야만 우리는 진정한 그분의 통치를 받을 수 있습니다.

그분 앞에서 우리가 얼마나 작은 존재인지를 깨우쳐주시기 위해 하나님은 우리 인생에 여러 가지 불협화음을 허락하십니다. 이 모든 시간을 통과하고 나서야 저는 이전에 성경에서만 보았던 하나님을 이제는 살아서 역사하시는 하나님으로 믿게 되었습니다. 하나님이 내 인생의 주관자라는 사실을 인정하고, 하나님의 시선을 벗어났던 모든 시간을 회개하고 다시 하나님께로 돌이키는 역사가 일어날 때, 우리는 그분의 약속된 축복을 누릴 수 있을 것입니다.

내가 주께 대하여 귀로 듣기만 하였사오나 이제는 눈으로 주를 뵈옵나이다 그러므로 내가 스스로 거두어들이고 티끌과 재 가운데에서 회개하나이다(욥 42:5-6).

티끌

하나님은 믿지만 여전히 상처투성이인 신앙인들을 위한 이야기

Copyright ⓒ **진 커밍스** 2014

1쇄발행_ 2014년 4월 23일

지은이_ 진 커밍스
펴낸이_ 김요한
펴낸곳_ 새물결플러스
편 집_ 강예림·노승수·노재현·박규준·왕희광·정인철·최율리·한재구
디자인_ 디자인채이·이혜린
마케팅_ 이성진
총 무_ 김명화

홈페이지 www.hwpbooks.com
이메일 hwpbooks@hwpbooks.com
출판등록 2008년 8월 21일 제2008-24호
주소 (우) 158-718 서울특별시 양천구 목동동로 233-1 현대드림타워 1401호
전화 02) 2652-3161
팩스 02) 2652-3191

ISBN 978-89-94752-66-2   03230

책값은 뒤표지에 있습니다.

이 도서의 국립중앙도서관 출판시도서목록(CIP)은 서지정보유통지원시스템
홈페이지(http://seoji.nl.go.kr)와 국가자료공동목록시스템(http://www.nl.go.
kr/kolisnet)에서 이용하실 수 있습니다(CIP제어번호: CIP2014011620).